Marvin Oppong (Hrsg.)

Migranten in der deutschen Politik

Marvin Oppong (Hrsg.)

Migranten in der deutschen Politik

VS VERLAG

Bibliografische Information der Deutschen Nationalbibliothek
Die Deutsche Nationalbibliothek verzeichnet diese Publikation in der
Deutschen Nationalbibliografie; detaillierte bibliografische Daten sind im Internet über
http://dnb.d-nb.de abrufbar.

1. Auflage 2011

Lektorat: Frank Schindler | Verena Metzger

VS Verlag für Sozialwissenschaften ist eine Marke von Springer Fachmedien.
Springer Fachmedien ist Teil der Fachverlagsgruppe Springer Science+Business Media.
www.vs-verlag.de

Umschlaggestaltung: KünkelLopka Medienentwicklung, Heidelberg
Umschlagbild: Verena Metzger
Druck und buchbinderische Verarbeitung: Ten Brink, Meppel
Gedruckt auf säurefreiem und chlorfrei gebleichtem Papier
Printed in the Netherlands

ISBN 978-3-531-17057-2

Inhalt

Vorwort

Der Themenkomplex Migration und Integration ist nicht nur in den vergangenen Monaten zunehmend in die Öffentlichkeit und auf der politischen Agenda weiter nach oben gerückt. Angesichts der zu meisternden, sich eher noch verschärfenden gesellschaftlichen Probleme im Zusammenhang mit dem Thema Integration und des erheblichen Nachholbedarfs in diesem Bereich ist eine Umkehr dieses Trends nicht in Sicht. Die Bedeutung des Themas Migration dürfte zukünftig sogar noch zunehmen. Als Beispiel hierfür lässt sich etwa anführen, dass sich der Bundestag zur Zeit mit einer Gesetzesinitiative zum kommunalen Ausländerwahlrecht befasst. Laut Statistischem Bundesamt sind rund 20 Prozent der bundesdeutschen Bevölkerung – über 16 Millionen Menschen – „Menschen mit Migrationshintergrund", also ausländische Einwanderer, deutschstämmige Spätaussiedler (etwa aus Russland), in Deutschland geborene und/oder eingebürgerte (frühere) Ausländer sowie alle überwiegend in Deutschland lebenden Personen, bei denen mindestens ein Elternteil eines dieser Kriterien erfüllt.

Der deutsche Buchmarkt hält eine schier unermessliche Auswahl von Titeln zu den Themen Politik und Migration bereit. Bisher existiert im deutschsprachigen Raum jedoch keine Publikation, die allein die Themenbereiche Politik und Migration miteinander verbindet und in vertiefter Form behandelt. Dieses Buch ist aus dem Gedanken heraus und mit dem Anspruch entstanden, in wissenschaftlicher Weise, journalistisch aufbereitet, ein Werk zu schaffen, das sich in bisher nicht verfügbarer Weise mit „Migranten in der deutschen Politik" auseinandersetzt.

Dieser Sammelband, dessen erste vorbereitende Arbeiten im Frühjahr 2008 begannen, vereint Beiträge von amtierenden Politikern und einer Politikerin der CDU, der SPD und von Bündnis 90/Die Grünen, die dem Deutschen Bundestag und dem Berliner Abgeordnetenhaus angehören, aber auch ein Beitrag des Bundesvorsitzenden der FDP-nahen Liberalen

Türkisch-Deutschen Vereinigung, Achim Doerfer. In ihren Beiträgen verbinden die Autoren ihre persönlichen Erfahrungen als Migrantenpolitiker mit konkreten Verbesserungsvorschlägen in Bezug auf das politische System der Bundesrepublik Deutschland. So schreibt etwa das frühere Mitglied des Bundesvorstands der Grünen, Omid Nouripour, der die deutsche und iranische Staatsangehörigkeit besitzt, in seinem Beitrag „Deutschland zwischen Integrationsdebatten und Loyalitätsparanoia" über die doppelte Staatsbürgerschaft, staatsbürgerschaftliche Loyalität und den Abbau von Vorurteilen. Sebastian Edathy, ehemaliger Vorsitzender des Innenausschusses des Deutschen Bundestages und stellvertretender Vorsitzender des Gorleben-Untersuchungsausschusses, thematisiert in seinem Beitrag die Machbarkeit eines allgemeinen kommunalen Ausländerwahlrechts.

In ihrem Beitrag „‚Gäste können nicht mitspielen' – Mandatsträger mit Migrationshintergrund kommen zu Wort" stellt Devrimsel Deniz Nergiz von der Bielefeld Graduate School in History and Sociology erstmalig noch unveröffentlichte wissenschaftliche Forschungsergebnisse über das Rollenverständnis, die Verhaltensschemata und die politischen Strategien von Migrantenpolitikerinnen und -politikern und die Einbindung von Migranten in die deutsche Politik vor. Dieses Buch vereint vor allem aber auch Beiträge von Praktikern, so etwa des Gründers des ersten Ausländerbeirates in Deutschland, der Bonner Veterinärmediziner Ibrahim Aydin, oder Yonas Endrias, Mitglied des in institutionell-struktureller Hinsicht in Deutschland einmaligen Landesbeirates für Migration und Integration des Berliner Senats.

Diese Publikation verfolgt ebenso den Anspruch, das Themenfeld „Migranten und Politik" auch in interdisziplinärer Hinsicht anzugehen. So wirft Ferda Ataman, Journalistin, Mitglied des Vorstands des Vereins „Neue Deutsche Medienmacher" und Teilnehmerin der Deutschen Islam-Konferenz bis 2009 in ihrem Beitrag einen Blick auf die Wechselbeziehungen zwischen der (Migranten-)Politik und der Medienwelt, dem gesellschaftlichen Bereich, über den sich politische Kommunikation im Wesentlichen abspielt. Da nicht nur der gesellschaftliche Bereich der Medien ohne den Bereich der Kultur nicht zu denken wäre, beschäftigen sich Adetoun Kueppers-Adebisi, Leiterin der mehrfach preisgekrönten Medienplattform „Afrotak TV cyberNomads" und Migrationsbeirätin in Berlin-Pankow, und Michael Küppers-Adebisi, Lyriker und Multimediakünstler auch mit dem Thema „Musikrevolte, Migration und Politik mit Fokus auf schwarze Musik in Deutschland".

Die Landschaft der deutschen Migrantenpolitikerinnen und -politiker ist durch eine zahlenmäßige Dominanz türkischstämmiger Politiker geprägt, was seine mutmaßliche Ursache in dem Umstand hat, dass türkischstämmige Personen die größte Minderheit in Deutschland ausmachen. Dieses Buch, dessen achtzehn Autorinnen und Autoren aus acht verschiedenen Nationen stammen, will jedoch auch einen Blick auf die Minderheiten innerhalb der Minderheitsgesellschaft werfen. So findet sich in diesem Buch etwa ein Beitrag von Martin Hyun, Vorstand der Deutsch-Koreanischen Gesellschaft. Der ehemalige Eishockey-Profi, der zur Migrationsgeschichte der Koreaner in Deutschland forscht und Visiting Fellow im koreanischen Parlament war, wurde über seine sportlichen Erfolge heraus auch mit Aussagen zur Situation junger Deutsch-Koreaner bekannt. Der Beitrag des SPD-Bundestagsabgeordneten Josip Juratovic mit dem Titel „Vom Fließband in den Bundestag – Wie ich als erster Gastarbeiter ins deutsche Parlament gewählt wurde" schildert eindrucksvoll eine bislang einmalige Karriere eines Migrantenpolitikers in Deutschland aus Sicht eines geborenen Kroaten. Doch auch der Blick der Schwarzen Minderheit in Deutschland ist in diesem Buch durch mehrere Autoren präsent, unter anderem mit Tahir Della, dem Vorstand der Initiative Schwarze Menschen in Deutschland (ISD), der sich mit der politischen Repräsentation Schwarzer in Deutschland auseinandersetzt.

Dieses Buch will Wissenschaftlern, Praktikern, Studierenden und fachlich Interessierten Wissen über Politik unter Beteiligung von Migranten bereithalten, Einblicke in diesen Bereich der Politik bieten, aber auch eine kritische Sachverhaltsanalyse vornehmen, Handlungsoptionen aufweisen und Empfehlungen geben. Die Thesen des ehemaligen SPD-Politikers Thilo Sarrazin, von der nach einer TNS-Umfrage vom Dezember 44 Prozent der Bevölkerung sagen würden, dass sie in Deutschland nichts verändern werden, fordern nach Ansicht von 76 Prozent der Befragten der selben Umfrage auch die Politik heraus, sich der Probleme endlich anzunehmen. Hierzu will diese Schrift einen unterstützenden Beitrag leisten.

Marvin Oppong
Bonn, Mai 2011

Deutschland zwischen Integrationsdebatten und Loyalitätsparanoia

Omid Nouripour

Kein Jahr endet ohne eine neue Integrationsdebatte in Deutschland. Im Jahr 2010 gab das Buch „Deutschland schafft sich ab" von Thilo Sarrazin hierfür Anlass. Es ist kein konstruktiver Diskussionsbeitrag zum Thema – ganz im Gegenteil. Es fördert erneut die alten Vorurteile und Ressentiments gegenüber Zuwanderern insbesondere aus islamischen Ländern zu Tage und versucht, sie mit seltsamen Statistiken und wissenschaftlich verpackten, kruden Thesen zu untermauern. Die Integrationsdebatte ist damit keinen Schritt weiter gekommen. Doch dieser Vorgang hat eines erneut gezeigt: mit Integrationskritik, mit Kritik an einer pauschalisierten „Integrationsunwilligkeit" der Zuwanderer in Deutschland kann man in unserem Land punkten. Im konkreten Fall konnten mit der Millionenauflage des Buchs viele sogar ordentlich Kasse machen.

Der Versuch, mit dumpfen und vorurteilsbelasteten Argumenten in der Integrationsdebatte punkten zu wollen, ist nicht neu. Beim Betrachten der Talkshow „Menschen bei Maischberger", in der unter anderem Thilo Sarrazin und der hessische Grünen-Vorsitzende Tarek Al-Wazir zusammentrafen, wurde ich unversehens wieder an die Untiefen der letzten hessischen Wahlkämpfe erinnert, an die Auseinandersetzungen mit dem Mann, der wie kaum ein anderer Spitzenpolitiker die Integrationsdebatte in Deutschland seit seinem ersten Wahlkampf behindert hat, mit Roland Koch.

Der Hessenwahlkampf 2008 war einer der Koch'schen Paukenschläge, die sich eher wie ein schrilles Sirenengeheul ausnahmen. Wenn ich mir ihn aus der Distanz nochmals genauer ansehe, kommt mir die gegenwärtige Debatte wie ein untoter Wiedergänger vor. Das gilt vor allem, wenn man ihn im Kontext der Erdogan-Rede in Köln betrachtet, die kurze Zeit vorher die deutschen Gemüter erregte. Auch Sarrazin geht in seinem Buch auf diese Rede ein.

Wie so viele andere haben auch diese Phantom-Ereignisse Spuren in der politischen Debatte hinterlassen. Sie haben gezeigt, wie irrational und vorurteilsbeladen hierzulande über das Verhältnis der sogenannten Mehrheitsgesellschaft zu den Bürgern mit Migrationshintergrund diskutiert wird.

Wenden wir uns zuerst dem Fall Roland Kochs zu. Dazu muss ich ein wenig ausholen, denn der ehemalige hessische Ministerpräsident ist ein Wiederholungstäter in Sachen fremdenfeindlicher Zündeleien. Er hat dieses Thema gleichsam als Grundton seiner ganzen politischen Karriere gesetzt und immer wieder variiert. Schon Roland Kochs erster Auftritt in der bundesdeutschen Öffentlichkeit war davon geprägt. 1999, ein Jahr nach dem Regierungsantritt von Rot-Grün unter Gerhard Schröder und Joschka Fischer, war Kochs Feindbild der „Doppelpass". Die Bundesregierung hatte gerade beschlossen, das alte Blutsrecht abzuschaffen, das einzig den Kindern deutscher Eltern die deutsche Staatsangehörigkeit zusprach und Einbürgerungen nur unter hohen Auflagen zuließ. Unter anderem aber sollte es auch doppelte Staatsangehörigkeiten hinnehmen: wer also in Deutschland eingebürgert wird, so der Plan, hätte seinen alten Pass fortan nicht mehr zwangsweise abgeben müssen. Die Gründe, warum das sinnvoll gewesen wäre und noch immer ist, liegen auf der Hand. Schließlich wusste sogar der frühere baden-württembergische Ministerpräsident Erwin Teufel, kein „Opfer multikultureller Träumereien", dass ein guter Konservativer seine alte Staatsangehörigkeit nicht gern abgibt. Mein Fall kann als Beispiel dafür dienen, dass es noch andere Gründe gibt. Ich bin 1988 mit meinen Eltern aus dem von Revolution und Krieg gezeichneten Iran nach Frankfurt gekommen. Ich habe hier deutsch gelernt, das Gymnasium besucht, meine Eltern waren auch hier beide berufstätig (allerdings aufgrund ihrer Herkunft in ganz anderen als den erlernten Berufen, aber dies nur nebenbei). Nach der Schule hatte ich das Studium der Germanistik an einer deutschen Universität begonnen und oft nebenher gearbeitet; wir wohnten im (links)bürgerlichen Frankfurter Nordend: eigentlich ein Fall gelungener Integration. Die Bedingungen für die Erlangung der deutschen Staatsbürgerschaft waren erfüllt – bis auf eine: Meinen iranischen Pass konnte ich aufgrund des iranischen Rechts nicht zurückgeben. Jahrelange Verfahren waren die Folge; sie begannen 1993 und sollten fast ein ganzes Jahrzehnt dauern (die Kosten für den deutschen Fiskus wollen wir hier nicht einmal ansatzweise kalkulieren). Die Gesetzesvorlage der Bundesregierung erschien wie ein Segen: endlich sollte diese unsinnige Hürde fallen, die mein Verfahren und das vieler anderer so unnötig verkompliziert hatte, und eine mehrfache Staatsangehörigkeit hingenommen werden. Man hatte die Zeichen der Zeit erkannt und war bereit, einen Schritt weiter auf dem Weg zur Anerkennung des Einwanderungslandes Deutschland zu gehen. Dachte ich zumindest damals noch. Dann kam die beispiellose Kampagne des Roland Koch mit dem heuchlerischen Slogan „Integration ja, doppelte Staatsbürgerschaft nein". Überall in Hessen verwandelten sich die Wahlkampfstände der CDU zu Foren eines Plebiszites gegen „Ausländer", viele Menschen liefen durch die Fußgängerzonen und fragten „wo man denn hier gegen Ausländer unterschreiben kann". In den Neunziger Jahren hatte man eine solche deutliche Stigmatisierung von Menschen mit Migrationshintergrund nicht mehr vermutet. Das Klima auf den Straßen und an den Stammtischen wurde rauer. Das war der Moment, in dem mein politisches Engagement wirklich begann.

Handfeste Argumente hatten Koch und seine Zündeltruppe nie. Obwohl der Sieg von CDU und FDP bei den Wahlen den ursprünglichen Gesetzentwurf von Rot-Grün wegen der neuen Mehrheitsverhältnisse im Bundesrat kippte, stieg die Zahl der Mehrstaatler in den folgenden Jahren. Heute muss sogar das CDU-geführte Bundesministerium des Inneren auf seiner Homepage Entwarnung geben: „Wie viele deutsche Mehrstaater es gibt, ist nicht bekannt, weil sie in Deutschland ausschließlich als Deutsche behandelt werden und sich gegenüber den Behörden nicht auf ihre weitere Staatsangehörigkeit berufen können. Mehrstaatigkeit ist jedenfalls auch heute schon keine Seltenheit mehr; besondere Probleme sind durch Mehrstaatigkeit nicht entstanden."[1]

Meine Verwicklungen auf dem Weg zum deutschen Pass jedenfalls sollten noch einige Jahre dauern und erst 2002 wurde ich schließlich eingebürgert. Heute sitze ich im Deutschen Bundestag und habe noch immer keinen Hochverrat begangen.

Dies scheint nämlich die Grundangst in der deutschen Debatte zu sein, die so nirgendwo sonst auf der Erde zu finden ist. Ich habe sie in meinem Buch „Mein Job, meine Sprache, mein Land" die Loyalitätsparanoia genannt. Wer keine Urgroßeltern hat, die sich Deutschland nicht mit Haut und Haaren verschrieben haben, dem traut man nicht die volle Loyalität zu diesem Staat, nicht zu seinem Gemeinwesen, vermutlich nicht ein-

---

[1] http://www.bmi.bund.de/cln_183/SharedDocs/FAQs/DE/Themen/Migration/Staatsang/Doppelte_Staatsangehoerigkeit_Mehrstaatigkeit.html?nn=107810, zuletzt abgerufen am 29. 11. 2010.

mal zu seinen Nachbarn zu: „Du sollst keine Götter neben Deutschland haben – und zwar rückwirkend". Dies äußert sich ganz frappierend in den Regeln des diplomatischen Dienstes. Zwar hat jeder Deutsche, woher seine Eltern auch immer stammen, Zugang zu dieser Beamtenkarriere. Aber man wird einen Deutschen mit türkischen Wurzeln nie in der Türkei einsetzen, einen mit südafrikanischen nie in Johannesburg und so weiter. Kein Unternehmen würde so agieren. Und auch kein Staat, dem an fruchtbaren diplomatischen Beziehungen gelegen ist, kann es sich recht leisten, auf die einzigartige interkulturelle Kompetenz von Menschen mit facettenreichem biografischen Hintergrund zu verzichten. Großbritannien zum Beispiel setzt schon seit dem 19. Jahrhundert gezielt Einwanderer in seinen diplomatischen Vertretungen in deren jeweiligen „Heimatländern" ein. Wir Deutsche aber verschleudern unsere Potenziale.

„Wir sind uns bei euch nie ganz sicher", spricht es aus den Mündern der loyalitätsparanoiden Roland Kochs dieses Landes und flugs ist eine große Gruppe in unserer Gesellschaft in eine Ecke gestellt und ein Vertrauensverhältnis von vornherein deutlich erschwert.

Der CSU-Politiker und heutige Bundesverkehrsminister Peter Ramsauer hat die Grundlage für diese Haltung ganz offen dargelegt[2]: Für ihn kann Deutschsein letztlich nur vom Blut herkommen, denn er forderte, in der Kriminalitätsstatistik auch die Herkunft der Straftäter mit deutschem Pass zu erfassen. „Die Abnahme der Ausländerkriminalität, die immer behauptet wird, ist vor allem dadurch herbeigeführt worden, dass Ausländer durch die Zuerkennung der deutschen Staatsbürgerschaft formal Deutsche geworden sind." Diese verbale Ausbürgerung braucht man nun tatsächlich nicht weiter kommentieren. Das zentrale Problem dabei: Es trifft alle. Cem Özdemir und mich ebenso wie die türkischstämmige Putzfrau, Lebensmittelhändler, den Bankangestellten oder Arbeitssuchenden.

Der große Literaturwissenschaftler Peter Szondi hat diesen Mechanismus in einem Leserbrief vor mehr als vierzig Jahren einmal sehr treffend als „Affektpleonasmus" bezeichnet. Er antwortete damit auf einen Artikel, der reklamierte, man müsse einen jüdischen Gauner doch wohl als solchen benennen dürfen. Seine Antwort war ganz einfach: „Soll man einen Gauner einen jüdischen Gauner nennen nur weil er Jude ist?' Denn man spricht weder von einem protestantischen noch von einem germanischen Gauner."

---

[2] Quelle: http://www.sueddeutsche.de/bayern/kriminalstatistik-csu-will-herkunft-von-tatverdaechtigen-erfassen-1.366920, zuletzt abgerufen am 08.05.2011.

Die betonte Nebeneinanderstellung des „Gauners" mit seiner jüdischen oder auch der türkischen oder albanischen Abstammung sorgt vielmehr dafür, so der Kern von Szondis beißender, aber sehr treffender Analyse, dass sich beide gegenseitig einfärben und Gaunertum und Türkentum miteinander verschmilzen.

So ähnlich war es auch im Januar 2008. Ein in Deutschland geborener Türke und ein Grieche, 20 Jahre alt der eine, 17 der andere, schlugen in der Münchner U-Bahn brutal einen Rentner nieder. Dass es sich hierbei um ein zutiefst verabscheuungswürdiges Verbrechen handelt, steht außer Frage. Ob die Täter nun aber einen deutschen, türkischen, griechischen oder nepalesischen Pass in der Jackentasche trugen, ganz dicht über ihrem offensichtlich kalten Herzen, dürfte dem Opfer völlig egal gewesen sein. Roland Koch aber entdeckte auf einmal, dass es in Deutschland „zu viele kriminelle junge Ausländer gibt" und dass Ausländer, die sich „nicht an unsere Regeln halten", in Deutschland „fehl am Platze" seien. Die Bild-Zeitung nahm den Wink gerne auf und wieder schwappte von den deutschen Stammtischen bis ins Herz der großen Medien des Landes eine Welle der Entrüstung über die vermeintliche Nachlässigkeit unseres Rechtssystems gegenüber „den" Ausländern, die man am besten ausweisen sollte. Dass niemand ernsthaft begründen kann, warum denn einer in die Türkei ausgewiesen werden sollte, der dort nie seinen Wohnsitz gehabt hat, wird schnell vergessen. Was bleibt ist das Stigma der tendenziell gefährlichen Randgruppe. Grundlegende gesellschaftliche Probleme werden mit Einwanderern identifiziert, das Individuum rückt aus dem Blick, wird zu „dem Türken", „dem Ausländer": suspekt, anders, fremd.

Deutschland hat also den Frieden mit seinem Status als Einwanderungsland noch immer nicht gefunden. Wenn wir aber dauernd mit dem Finger auf die „defizitäre Minderheit" zeigen, dann werden wir die Köpfe und Herzen gerade der nächsten Generationen für dieses Land nicht gewinnen können. Denn diese Zündeleien wirken sich letztlich ganz konkret auf den Alltag von Menschen mit ausländischer Herkunft oder gar nur Aussehen aus. Das erfahren auch Politiker wie mein hessischer Kollege Tarek Al-Wazir oder ich selbst ständig am eigenen Leib. Nach den jeweiligen verbalen Ausfällen lässt sich beobachten, wie der Umgangston mit fremdländisch aussehenden Menschen auf den Straßen, in den U-Bahnen und Geschäften schärfer wird; Pöbeleien sind an der Tagesordnung. Tarek Al-Wazir, zum Leidwesen meines Herzens als „Frankfurter Bubb" ein echter „Offebäscher", wurde in den Tagen nach dem finalen Stadium der Koch'schen Kampagne im Jahr 2008 heftig diffamiert, bekam persönliche Drohschreiben. „Ypsilanti, Al-Wazir und die Kommunisten stoppen" hatte die CDU überraschend plakatiert und damit wieder eine Art Affektpleonasmus angerichtet. Die unterschwelligen Ressentiments gegen Namen wie Al-Wazir oder gegen den Kommunismus wurden geweckt bis ein bitterer, ausgrenzender Feindbildcocktail fertig war.

Das ist aber nur die eine Seite der Geschichte. Roland Koch holte sich gerade wegen seiner Schmutzkampagne glücklicherweise eine deutliche Wahlschlappe ab. Doch wenige Wochen danach, im Februar 2008, hielt der türkische Ministerpräsidenten Erdogan in der Köln-Arena eine Rede, die das Problem von der anderen Seite zeigt. Dabei geht es nicht nur um die Rede selbst, sondern auch darum, wie sie aufgenommen wurde.

Eines muss man wissen, um die Veranstaltung richtig beurteilen zu können: Erdogan war dabei ein Gesetz zu verabschieden, das türkischen Staatsangehörigen, die im Ausland leben, das Wahlrecht für nationale Wahlen in der Türkei einräumen sollte (was schließlich auch geschah). Angesichts der Zahl türkischer Staatsbürger in Deutschland trat er hier vor einem Publikum auf, das in Zukunft auch innenpolitisch für ihn von direkter Bedeutung sein dürfte. Ob diese Regelung vernünftig ist oder nicht, sei dahingestellt. Faktisch aber war Erdogan auf Wahlkampfreise. Das tat er, darauf hat Alan Posener in einem Kommentar in der „Welt" hingewiesen, weil er die Zeichen der Zeit erkannt hat: Die Mobilität nimmt zu, vor allem in den Großstädten leben, auf Zeit oder Dauer, immer mehr Menschen aus anderen Ländern. Wenn aber Sarkozy einen Wahlkampfstopp in London macht, wo Hunderttausende seiner potenziellen Wähler leben (vielleicht kommt er bald auch mal auf den Prenzlauer Berg oder in den Wrangelkiez), dann ruft in England auch kein Mensch den nationalen Integrationsnotstand aus. Dies aber geschah – wieder einmal – in Deutschland.

Die Dinge, die Erdogan in der Köln-Arena ansprach, sind bei weitem nicht so skandalös, wie manche das behaupteten: Die Türken oder Türkeistämmigen in Deutschland sollten sich gesellschaftlich einbringen, Verantwortung übernehmen, Deutsch lernen. Das sind drei der wichtigsten Schritte zur erfolgreichen Integration.

„Assimilation" dagegen sei „ein Verbrechen gegen die Menschlichkeit", warnte er ganz am Anfang. Nun übt wirklich kein Mensch in Deutschland Assimilierungsdruck auf Menschen mit türkischem Hintergrund aus, schon deshalb nicht, weil niemand auf Döner verzichten möchte[3] – und die gesamte mediterrane Lebensart, die sich im weitesten Sinne damit verbindet. Spaß beiseite: Integration beinhaltet immer auch das Recht auf Abgrenzung. Das gehört zu jeder Identitätsbildung dazu und gilt im Zweifelsfall auch für den oberbayerischen Trachtenträger, der keinen Umgang mit einem schwulen Designer aus Schwabing pflegen möchte und umgekehrt – um hier einmal die deutlichsten Klischees zu bedienen. Damit es hier nicht zu Missverständnissen kommt: Diese Abgrenzung darf natürlich nur im Rahmen des Rechtssystems und bei Bewahrung sozialer Chancengleichheit erfolgen. Rechtsfreie Räume sind damit nicht gemeint, sondern kulturelle Selbstbestimmung, wie sie alle Gruppen einfordern, die von der Norm der Durchschnittsgesellschaft abweichende Verhaltensformen an den Tag legen.

Die Rhetorik der Vereinnahmung in Deutschland lebender Türken durch Erdogans obstinate Verwendung des „Wir" mag befremdlich klingen. Letztlich ist es Geschmackssache jedes und jeder einzelnen, wie man zu so manchen Populismen steht. Vielen Türkeistämmigen, die ich kenne, ist eine Assoziation mit diesem Politiker eher unangenehm. Natürlich steht dieses „Wir" auch für eine Reihe problematischer Tendenzen: Ungeklärt bleibt beispielsweise, in welcher Form der türkische Staat an vielen muslimischen Vereinigungen in Deutschland beteiligt ist, deren Arbeit an einigen Stellen fragwürdige Züge hat. Aber die Abnabelung der Mehrheit türkischstämmiger Menschen in Deutschland von diesen Organisationen setzt Alternativen voraus, die bislang fehlen.

Erdogan, das offenbart sich bei näherem Hinsehen, ist kein Politiker, den man unbedingt gern haben muss: Auch wenn seine bewusst islamisch auftretende Partei, die AKP, im Vergleich zu den meisten anderen Parteien bei den Wahlen im Herbst 2007 gelegentlich geradezu wie ein Garant für westliche Orientierung erschien, darf man nicht vergessen, dass ihr gesellschaftspolitisches Programm von meinen Vorstellungen sicher weiter entfernt ist als von dem der CSU. Kaum einer hat aber gesehen, dass wir es hier einfach mit einem Polterer zu tun haben, mit einem, der auf die große Trommel haut, und den man dafür kritisieren kann und muss, dass es aber weit von einem Skandal entfernt ist, wenn ein Politiker bei sei-

---

[3] Zugegeben ein bedingt geeignetes Beispiel: der Döner in seiner bei uns üblichen Variante wurde 1971 in Berlin-Kreuzberg erfunden – er hat damit gute Chancen, auch die heftigste Assimilierung zu überleben …

nen Landsleuten im Ausland Wahlkampf macht. Sarkozy tut das in London, Vincente Fox tat es in Kalifornien und die italienischen Bewerber um die Parlamentssitze ihrer Auslandswahlkreise ohnehin. Bei „den Türken" haben wir noch immer Unbehagen. Thilo Sarrazin treibt es in seinem Buch „Deutschland schafft sich ab" auf die Spitze, indem er schreibt: „Wenn wir annehmen, und wir müssen dies wohl tun, dass Erdogans Rede ein Spiegel der türkischen Seele ist, dann dürfen wir uns über die mangelhaften Integrationserfolge der türkischen Migranten nicht wundern."[4]

Diese und viele andere undifferenzierten Reaktionen auf Erdogans Rede zeigen, dass Menschen mit türkischer Herkunft, der Galerist aus Kreuzberg, der Dönerbudenbesitzer aus Mannheim, die promovierte Ärztin aus Bottrop und der kleine Junge aus Frankfurt-Griesheim, der kaum deutsch spricht, noch immer in den gleichen sozioökonomischen Sack gesteckt werden: das beste Mittel um ein langsames Hineinwachsen in die deutsche Gesellschaft zu sabotieren, weil sich Bemühungen um sozialen Aufstieg ja gar nicht mehr zu lohnen scheinen.

Unter dem Strich hat die Gelassenheit gefehlt angesichts des Erdogan-Auftritts und auch der nötige Ehrgeiz. Der nötige Ehrgeiz? Ändern wir die Meldung doch einfach ein wenig, ohne dabei ihren Inhalt wesentlich anzutasten: „16.000 Türkeistämmige strömen zu Politikspektakel in Köln-Arena!" Gute Nachricht oder schlechte Nachricht? Jede deutsche Partei würde sich ein solches Interesse wünschen. Und keine hat es bislang geschafft. Auch wir Grüne nicht. Deshalb Ehrgeiz: Wir hätten deutlich weniger Probleme in diesem Land, wenn Angela Merkel eine Halle mit 16.000 türkeistämmigen deutschen Anhängern füllen könnte. Dies muss sie aber erst wollen. Und das tut sie bisher nicht. Gott sei Dank leben wir in einer Demokratie, und eine Demokratie hat immer etwas von einem Markt, in dem sich verschiedene Menschen und Gruppierungen um Zustimmung für ein politisches Programm bemühen. Je lebhafter dieses Bemühen ist, desto lebhafter wird die politische Diskussion, der Streit, der für Bewegung in einer offenen Gesellschaft so dringend nötig ist. Man vergleiche das mit den Vereinigten Staaten, wo ganz selbstverständlich auch die konservative und nicht gerade für progressive Einwanderungspolitik stehende Republikanische Partei eine spanische Fassung ihrer Homepage anbot.

---

[4] Sarrazin, Thilo; Deutschland schafft sich ab: Wie wir unser Land aufs Spiel setzen, München 2010, S. 312.

Wie jeder funktionierende Markt braucht auch dieser selbstverständlich Anreize, Regularien und Sanktionsmechanismen. Wir können zwar sagen: Wer sich als Migrant nicht integriert, nicht die Sprache lernt oder in die Gesellschaft einbringt, der wird auch kein wirtschaftliches Auskommen finden und muss damit selber die Folgen seines Handelns tragen. Aber keine Gemeinschaft kann es sehenden Auges hinnehmen, dass ein Teil von ihr abdriftet. Das gilt keineswegs nur für Migranten, sondern für alle soziokulturell Benachteiligten. Verbindliche Sprachkurse vor dem Schulanfang sind heute vielleicht am dringendsten für Migrantenkinder vonnöten; einstmals waren sie aber vielleicht auch für den Nachwuchs aus entlegenen Dörfern mit eigenartigen Dialekten erforderlich, eines Tages, hoffen wir nicht, auch für Deutschstämmige, deren Eltern es versäumt haben, mit ihren Kindern in ganzen Sätzen zu sprechen.

Eines aber müssen wir zur Kenntnis nehmen: Migranten sind sehr wohl bereit, sich sozial zu engagieren. Es gibt zwar wenige detaillierte Studien zu diesem Thema, der Bericht „Freiwilliges Engagement in Deutschland 1999–2004" des Bundesfamilienministeriums[5] geht aber davon aus, dass etwa zwei Drittel der türkischstämmigen Migranten sich in Vereinen, Verbänden, Gruppen oder Initiativen einbringen. Diese Quote ist ähnlich hoch wie im Durchschnitt der Gesamtbevölkerung. Auch in Gewerkschaften sind Arbeiter und Angestellte mit Migrationshintergrund stark vertreten. Der Bericht hat hier eine Quote von 16,4 Prozent der Türken und 15,1 Prozent der Italiener gegenüber nur 13,9 Prozent der Deutschen ermittelt. Jetzt gilt es, dieses Potenzial für die demokratische Gestaltung des Gemeinwesens zu nutzen.

Bisher überwiegen mehr oder weniger deutlich ethnisch orientierte Communitys die sozialen Organisationen. Für die Integration hat das Vor- und Nachteile: Auf der einen Seite beinhalten sie zumindest eine formale Auseinandersetzung mit diesem Land. Wer einen Verein gründet, am besten noch in Verbindung mit einer Parzelle in einem Schrebergarten, hat von einer der urdeutschesten Institutionen Gebrauch gemacht, hat sich mit dem hiesigen Recht auseinandersetzen müssen, eine Satzung verfasst und einen Gang zur zuständigen Behörde absolviert. Wenn er sein Schrebergartenhäuschen nun aber türkisch beflaggt, sein Gartenzwerg eine Pumphose trägt, und mit der Satellitenschüssel nur türkisches Fernsehen empfangen

---

[5] http://www.bmfsfj.de/bmfsfj/generator/BMFSFJ/Service/themen-lotse,did=73430.html, zuletzt abgerufen am 08. 05. 2011.

wird, dann ist das sehr bedauerlich, aber in einem pluralen Rechtstaat genauso wenig zu verhindern wie die merkwürdigen Herbst-Kollektionen von Jean-Paul Gaultier. Sollten am Ende verfassungsfeindliche Taten begangen oder Inhalte diskutiert und verbreitet werden, hört der Spaß natürlich auf. Aber dann haben wir es mit einem Fall für den Verfassungsschutz oder die Strafverfolgung zu tun, und nicht für die Ausländerbehörden.

Andere Formen der Communitys sind da schon hilfreicher: Sofern sie als Lobbygruppen in die öffentliche Diskussion hineinwirken, können sie das gegenseitige Verständnis befördern und Persönlichkeiten hervorbringen, die Identifikationsfiguren für viele sind. Das kann ein Weg sein, eine türkische Identität in Deutschland auszubilden: Eine Identität, die deutsche Elemente und türkische Wurzeln miteinander verbindet und den nachwachsenden Generationen türkischstämmiger Deutscher die Möglichkeit gibt, ihren Platz in der deutschen Gesellschaft zu bestimmen und sich auch von den Organen des türkischen Staates in Deutschland weitgehend loszulösen.

Das Ziel aber muss es sein, die Menschen aus diesen Nischen herauszuholen, und sie für ein Engagement *auch* außerhalb ethnisch konnotierter Strukturen zu gewinnen. Die Angebote, die die Mehrheitsgesellschaft all denen machen muss, die in Köln Erdogan zugewunken haben, müssen ernstgemeint sein. Es gibt in Deutschland eine lange Geschichte halbherziger Gesten, zu denen zum Beispiel die Ausländerbeiräte zählen. Man sollte diese Institution nicht leichtfertig abtun: Viele Menschen haben hier lange Jahre lang mit viel Engagement wertvolle Arbeit geleistet. Aber die Wahlbeteiligung von unter 10 Prozent zeigt doch deutlich, dass sie bei der Mehrheit der Zielgruppe nie akzeptiert wurden.

Damit der gesellschaftliche Gestaltungsanspruch erfüllt werden kann, ist es wichtig, dass Migranten in ihrer Mitarbeit ernst genommen werden. Menschen spüren sehr schnell, wenn sie nur eine Alibifunktion haben (das gilt zum Beispiel auch für Jugendparlamente). Sie werden sich wahrscheinlich dann nicht mehr beteiligen, wenn sie merken, dass ihre Beteiligung keine Wirkung zeigt.

Die wichtigsten Kriterien für eine erfolgreiche Partizipation scheinen mir die folgenden:

- Es muss tatsächlich etwas zu entscheiden geben.
- Alle sind von Anfang an zu beteiligen.

- Die Beteiligung muss von den Teilnehmern selbst inhaltlich vorbereitet werden.
- Sie müssen notfalls – aber eben nur notfalls – dabei von kompetenten Vermittlungspersonen unterstützt werden.
- Es muss Transparenz in Bezug auf Entscheidungen und Ziele herrschen.
- Die Attraktivität von Beteiligungsformen muss über reale Gestaltungsmöglichkeiten, Lebensweltbezug, Altersangemessenheit und Methodenvielfalt gewährleistet sein.
- Die Ergebnisse der Beteiligung müssen für alle nachvollziehbar und erkennbar sein.

So wird erfahrbar, dass Beteiligung als demokratischer Prozess tatsächlich gelingen kann, dass Auseinandersetzungen zu diesem Prozess dazugehören und dass man durch Einmischung in die Belange des Gemeinwesens tatsächlich etwas verändern kann. Ein besserer Beitrag zur Integration lässt sich kaum denken.

Ehrgeiz und Gelassenheit sind zwei der Grundzutaten, mit denen wir den Herausforderungen der nächsten Zeit begegnen müssen. Ein Punkt ist dabei aber natürlich ausgenommen: Das Grundgesetz der Bundesrepublik ist die Grundlage allen gesellschaftlichen Zusammenlebens in Deutschland. Wenn Freiheitsrechte von Menschen in diesem Land eingeschränkt werden, die von muslimischen Mädchen beispielsweise, so darf dies nicht aus einer falsch verstandenen Toleranz hingenommen werden. Eine genauere Diskussion dieser Problematik aber würde hier zu weit führen.

Mit dieser Tour d'horizon sind wir wieder am Ausgangspunkt angelangt: Den immer wieder ausgrenzenden und undifferenzierten Debatten in diesem Land. Eines sollte klar geworden sein: Die deutsche Loyalitätsparanoia ist nicht nur hochgradig lächerlich, wir können sie uns auch nicht leisten. Sie lähmt dieses Land, indem sie den gesellschaftlichen Zusammenhalt, die Grundlage für jede Entwicklung direkt angreift. Wir müssen uns darauf einstellen, dass Deutschland sich verändern wird, wenn wir der Realität einer multikulturellen Gesellschaft konsequent Rechnung tragen. Studien zeigen, dass ethnische Zugehörigkeiten auch in Zukunft wichtige Bestandteile der individuellen Identitätsbildung sein werden. So finden sich unter den Identitätsbeschreibungen aus einer Studie aus dem Jahr 2000 häufiger Konstruktionen wie „kroatischer Franke" als die Bezeichnung „Deutscher". Sei es drum. Ich habe viele urdeutsche Freunde, die sich auch eher als Berliner, Kölner, Hesse denn als „Deutscher" betrachten.

Es gibt Deutsche mit Wohnsitz in New York, die sich als New Yorker empfinden, aber nicht als Amerikaner ... Oder wie wäre es mit einer frankophilen Münsteranerin deutscher Staatsangehörigkeit, die in Straßburg arbeitet und eine Wochenendbeziehung in Saarbrücken hat. Die Liste ließe sich beliebig fortsetzen. Sicher bringen einige dieser Konstellationen ein großes Konfliktpotenzial mit sich. Aber sie eröffnen auch neue Möglichkeiten, speziell Deutschland ein bisschen vom Muff zu befreien, der noch immer über vielen Teilen des Landes liegt. Gerade die regionale Identifikation bietet zahlreiche Ansatzpunkte zur Partizipation und könnte dafür sorgen, dass eben nicht die ganze Welt der pseudokulturellen Gleichmacherei der gefühlten Globalisierung erliegt.

Um diese Konflikte zu minimieren, um die neuen Herausforderungen zu meistern, müssen wir viele Probleme ideologiefrei betrachten. Wenn wir die sozialen von den religiösen von den rechtlichen Fragen getrennt haben, sind wir schon viel weiter.

Dann haben wir die Möglichkeit, Deutschland zu einem spannenden und vielseitigen Gemeinwesen im 21. Jahrhundert zu machen.

„Was alle betrifft, muss von allen beschlossen werden" – Warum die Einführung des allgemeinen kommunalen Ausländerwahlrechts verfassungsrechtlich machbar und integrationspolitisch notwendig ist

Sebastian Edathy

Gute Integrationspolitik folgt einem wichtigen Leitsatz: Nur ein gegenseitiges Aufeinanderzubewegen von Migranten und Mehrheitsgesellschaft ermöglicht ein Zusammenleben, das nachhaltig von beiderseitigem Respekt und friedlichem Miteinander auf Augenhöhe geprägt ist. Denn das steht schon in unserem Grundgesetz: Alle Menschen sind vor dem Gesetz gleich!

Eine erfolgreiche Integrationspolitik setzt also nicht auf Zwangsassimilation unter Berufung auf eine imaginäre Leitkultur jenseits der Verfassungswerte, sondern auf Einbindung der Neuangekommenen und die Akzeptanz von Unterschieden. Denn: allein die Bedürfnisse der Mehrheitsgesellschaft in der integrationspolitischen Debatte zu berücksichtigen, wäre so fatal, wie das Faustrecht wieder zur Grundlage in Eigentumsfragen zu machen. Da es zu einem guten Zusammenleben keine Alternative gibt, kann das Verhältnis zwischen auf Dauer Zugewanderten und der nicht zugewanderten Bevölkerung, wenn es gedeihlich sein soll, nicht von eklatanten Machtunterschieden geprägt sein. Eine solche Sichtweise schließt Spannungen selbstverständlich nicht aus, ist aber die Voraussetzung dafür, dass diese demokratisch und jenseits von Willkür ausgetragen werden können.

Die von Gerhard Schröder geführte Bundesregierung hat sich von 1998 bis 2005 bemüht, die integrationspolitischen Versäumnisse der Vorgängerregierungen zu beseitigen. Trotz ungünstiger Rahmenbedingungen durch die sich zugunsten der Unionsparteien ändernden Bundesrats-Mehrheiten ist in sieben Jahren „rot-grün" das Staatsangehörigkeitsrecht angepasst,

die staatliche Integrationsförderung aufgebaut und die Zuwanderungspolitik neu ausgerichtet worden.

Durch die modernisierenden Weichenstellungen in der Ausländerpoli-
tik, durch das neue Staatsangehörigkeitsrecht und das Zuwanderungsgesetz ist die integrationspolitische Agenda freilich nicht abgearbeitet. Ein
wichtiges Vorhaben, welches im rot-grünen Koalitionsvertrag von 1998 ver-
merkt, jedoch aufgrund der fehlenden, notwendigen verfassungsändern-
den Zweidrittel-Mehrheit im Bundestag nicht umgesetzt werden konnte,
ist die Einführung des Kommunalwahlrechtes für Drittstaatler, also in
Deutschland seit längerem aufhältige Ausländerinnen und Ausländer aus
Nicht-EU-Staaten. Die 2005 gewählte Große Koalition hat dieses Vorhaben
in ihrem Koalitionsvertrag lediglich durch einen Prüfauftrag aufgegriffen,
mit dem Möglichkeiten zur Umsetzbarkeit ausgelotet werden sollen – wie
abzusehen war ohne konsensuales Ergebnis. Die 2009 ins Amt gelangte
schwarz-gelbe Koalition wird, soviel ist sicher, das Thema überhaupt nicht
aufgreifen.

Wahlrecht eröffnet wichtige Teilhabechancen für große Bevölkerungsgruppen

Warum ein Wahlrecht für Nicht-EU-Ausländer? Ein auf das englische Parlament im 13. Jahrhundert zurückzuführender Demokratie-Grundsatz lau-
tet: *„Quod omnes tangit, ab omnibus approbatur est. –* Was alle betrifft, muss
von allen beschlossen werden." Für Drittstaatenangehörige ist eine Ein-
flussnahme auf Entscheidungen kommunaler Gremien derzeit nur über
die eher stiefmütterlich behandelten Ausländerbeiräte möglich. Durch ein
kommunales Ausländerwahlrecht würden alle Einwohner die Möglichkeit
erhalten, das Geschehen in ihrem direkten Lebensumfeld – den Wohn-
bezirk, die Gemeinde, die Stadt oder auch ihren Landkreis – politisch mitzugestalten.

In seinem Gutachten für eine Sachverständigenanhörung des Bundes-
tagsinnenausschusses, die sich mit Gesetzesanträgen zum kommunalen
Ausländerwahlrecht befasste, stellte der Göttinger Universitätsprofessor
Dietrich Thränhardt in diesem Sinne fest: „Der Zusammenhang zwischen
Wahlrecht und Politikgestaltung ist die Essenz der Demokratie. Politische
Beteiligung ist der Schlüssel zu besseren politischen Ergebnissen und zu
Integration, zum sich Angenommen und zu Hause fühlen. Trotz aller spek-

takulären Bemühungen auf höchster Ebene in den letzten Jahren und trotz des begrüßenswerten Integrationskonsenses zwischen den Parteien seit 2001 kann Integration nicht gelingen, wenn ein großer Teil der Einwanderer keine politischen Rechte hat. Es ist Zeit, Einwanderer auch politisch enger an Deutschland und seine Demokratie heranzubringen, im Interesse der Einwanderer und vor allem auch im wohlverstandenen Eigeninteresse Deutschlands selbst."

Die Bedeutung des kommunalen Wahlrechtes für Drittstaatsangehörige wird deutlich durch einen Blick auf die demographischen Merkmale der betroffenen Bevölkerungsgruppen: Das Bundesamt für Migration und Flüchtlinge zählte im Jahr 2009 insgesamt 4,3 Mio. Drittstaatsangehörige unter den 6,7 Mio. in Deutschland melderechtlich bekannten Ausländerinnen und Ausländern. Das sind rund zwei Drittel aller bei uns lebenden Ausländer! Die durchschnittliche Aufenthaltsdauer aller Ausländer im Bundesgebiet betrug im selben Jahr 18,6 Jahre.[1]

Positive Erfahrungen in anderen Ländern

Die integrationspolitische Sinnhaftigkeit des kommunalen Ausländerwahlrechtes erschließt sich auch mit einem Blick auf einige europäische Nachbarländer. Verschiedene EU-Mitgliedsstaaten gewähren bereits seit einiger Zeit den dort wohnhaften Drittstaatlern politische Teilhabemöglichkeiten auf kommunaler Ebene. Mit Stand vom November 2008 hatten zehn der 15 „alten" EU-Mitgliedsstaaten das kommunale Ausländerwahlrecht eingeführt, zudem waren in Estland, Litauen, Tschechien, Slowenien und der Slowakei entsprechende Gesetze beschlossen worden.

Schweden hat bereits im Jahre 1975 das kommunale Ausländerwahlrecht eingeführt: Das Land betreibt seit langem eine sehr erfolgreiche Integrationspolitik und weist neben weiteren positiven Integrationsindikatoren auch eine für Europa überdurchschnittliche Einbürgerungsquote von über 8 Prozent (2005) auf, in Deutschland betrug sie im Jahr 2009 ganze 1,4 Prozent.[2] Das heißt: von 72 Ausländern, die 2008 die Voraussetzungen

---

[1] Quelle: Bundesamt für Migration und Flüchtlinge, Ausländerzahlen 2009, http://www.bamf.de/SharedDocs/Anlagen/DE/Downloads/Infothek/Statistik/statistik-anlage-teil-2-auslaendezahlen.pdf?__blob=publicationFile, zuletzt abgerufen am 08. 05. 2011.
[2] vgl. Bundesamt für Statistik, http://www.destatis.de/jetspeed/portal/cms/Sites/destatis/Internet/DE/Content/Statistiken/Bevoelkerung/MigrationIntegration/Eingebuergerte/Ta-

für die Erlangung der deutschen Staatsagehörigkeit und somit des vollen Wahlrechtes erfüllten, hat sich nur einer zu diesem Schritt entschlossen.

Dieses Ergebnis ist in zweifacher Hinsicht bedrückend. Zum einen weist es darauf hin, dass das Integrationsangebot in Deutschland Menschen, die dauerhaft hier leben, nicht hinreichend dazu motiviert, sich mit der Annahme der deutschen Staatsbürgerschaft zu unserem Land gehörig zu fühlen und damit alle staatsbürgerlichen Rechte und Pflichten zu übernehmen. Zum anderen heißt dies, dass eine große Zahl hier lebender Menschen vom politischen Leben faktisch ausgeschlossen ist – und dies auf absehbare Zeit auch so bleiben könnte, wenn der Gesetzgeber nicht aktiv wird.

Auch historisch betrachtet ist das kommunale Ausländerwahlrecht kein Novum. So war es Ende des 19. Jahrhunderts in 22 Staaten der USA Einwanderern möglich, sich an lokalen und einzelstaatlichen Wahlen zu beteiligen. Von der nationalistischen Welle der Jahrhundertwende angestoßen, wurde dort jedoch beginnend im Jahr 1920 das Einwandererwahlrecht Schritt für Schritt wieder reduziert. Arkansas schaffte 1926 als letzter US-Bundesstaat das Ausländerwahlrecht ab. Es dauerte bis 1992, dass eine Gemeinde im Bundesstaat Maryland das Ausländerwahlrecht wieder einführte.

Verfassungsrechtliche Diskussion geht am Kern der Debatte vorbei!

In der Debatte um die Einführung eines Ausländerwahlrechtes auf kommunaler Ebene werden von dessen Gegnern verfassungsrechtliche Bedenken angeführt. Diese gehen von einem Urteil des Bundesverfassungsgerichts aus den frühen 90er Jahren aus. In den späten 80er Jahren hatten zwei Bundesländer – Hamburg und Schleswig-Holstein – das kommunale Ausländerwahlrecht landesrechtlich eingeführt. Das daraufhin von der CDU/CSU-Bundestagsfraktion und der Bayerischen Staatsregierung angerufene Bundesverfassungsgericht sprach damals in dieser Sache ein Urteil, über dessen Rechtsfolgen bis heute debattiert wird.[3]

In diesem Urteil hat das Bundesverfassungsgericht klargestellt, dass das Grundgesetz in seiner damaligen Fassung wenig Spielraum für die

---

bellen/Content75/EinbuergerungenEinbuergerungsquoteLR,templateId=renderPrint.psml, zuletzt abgerufen am 08. 05. 2011.

[3] BVerfGE 83, 37 ff.; 83, 60 ff.

Ausweitung der politischen Mitbestimmung von Bürgern anderer Staatsangehörigkeiten zuließ. Die Richter entwickelten aus Artikel 20 Absatz 3
(„Alle Staatsgewalt geht vom Volke aus.") und 28 des Grundgesetzes ein
Demokratieprinzip, nach dem verfassungsrechtlich die Staatsgewalt allein
von den Staatsangehörigen ausgeübt werden dürfe.

Das Ausländerwahlrecht würde nach dieser Lesart ohne entsprechende Änderung des Grundgesetzes verfassungsrechtlich nicht möglich sein.
Deshalb war und ist dieses Urteil Wasser auf die Mühlen der Ausländer-
wahlrechts-Gegner. Sie argumentieren, dass das Grundgesetz nicht nur in
seiner derzeitigen Fassung eine entsprechende Regelung ausschließt, sondern durch die Ewigkeitsgarantie für Artikel 20 des Grundgesetzes (vgl.
Artikel 79 Absatz 3) auch eine dementsprechende Verfassungsänderung
ausgeschlossen sei.

Diese Argumentation läuft jedoch fehl.

Im gleichen Urteil hat das Bundesverfassungsgericht nämlich auch
befunden, dass es der „demokratischen Idee, insbesondere dem in ihr
enthaltenen Freiheitsgedanken [entspricht], eine Kongruenz zwischen
den Inhabern demokratischer politischer Rechte und den dauerhaft
einer bestimmten staatlichen Herrschaft Unterworfenen herzustellen."
(BVerfGE 83, 37 (52)). Es liegt also am Gesetzgeber, eine weitestgehende
Kongruenz zwischen den wahlberechtigten Aktivbürgern und dauerhaft
der staatlichen Herrschaftsgewalt Unterworfenen herzustellen. Für EU-
Ausländer wurde diese Kongruenz nach den Maßgaben des Maastrichter
Vertrages bereits umgesetzt und Artikel 28 des Grundgesetzes dahingehend geändert, dass Angehörige von EU-Mitgliedstaaten bei Wahlen
von kommunalen Gremien das Recht auf eine Stimmabgabe haben. Ein
guter und richtiger Schritt, der jedoch gleichzeitig (ausländische) Bürger
erster und zweiter Klassen definiert und EU-Ausländer begünstigt: Sie
haben die Möglichkeit ihre Interessen im Ausländerbeirat *und* durch ihr
Stimmverhalten bei kommunalen Wahlen zur vertreten. Der Drittstaatenangehörige, der vielleicht schon 20 Jahre in Deutschland lebt, kann sich
hingegen nur über den Ausländerbeirat politisches Gehör verschaffen.

Jetzt handeln!

Idealerweise müsste um der Gleichbehandlung willen eine bundesein-
heitliche Lösung herbeigeführt werden, die es Drittstaatenangehörigen

erlaubt, an kommunalen Abstimmungen an ihrem Wohnort teilzunehmen. Realistischer ist jedoch, das kommunale Ausländerwahlrecht in
Deutschland durch die Aufnahme einer Öffnungsklausel in Artikel 28 des
Grundgesetzes einzuführen, welche den Ländern die Entscheidung über
die Einführung dieses Wahlrechts übertragen würde. Die Bundesländer
könnten dann in eigener Verantwortung über die Nutzung dieses neuen
Rechtes entscheiden.

Die Länder, die sich für die Einführung des kommunalen Ausländerwahlrechtes entscheiden würden, müssten dann landesgesetzliche
Regelungen schaffen, in denen u.a. festzulegen wäre, nach welcher Aufenthaltsdauer einem Ausländer die Teilnahme an den Wahlen ermöglicht
würde, sowie, ob nur das aktive oder auch das passive Wahlrecht einge-
räumt würde. Letzteres würde neben der Stimmabgabe eine Kandidatur
für kommunale Ämter bzw. Gremienmitgliedschaften ermöglichen.

Weder eine Gesellschaft, noch die Demokratie sind ein Zustand, beide
sind immer ein Prozess. Und nur die, die aktiv an diesem Prozess teilhaben können, wissen um die Vorzüge und Freiheiten, die eine demokratische Gesellschaft eröffnet. Diese Teilhabe auch Zuwanderern zu eröffnen,
ist daher nicht nur eine Erweiterung ihrer Mitbestimmungsrechte, sondern
vielmehr noch Werbung für eine freie Gesellschaft und unser politisches
System. Wer mitentscheiden darf, wird sich eher mitverantwortlich fühlen als derjenige, dem bei Abstimmungen die Stimmabgabe verweigert
wird. Und wer vor Ort mitentscheiden darf, wird wohl auch eher bereit
sein, den wünschenswerten Schritt vom Staatsbewohner zum Staatsbürger
zu machen.

Ich bin kein Freund davon, das Grundgesetz zum politischen Wunsch-
zettel zu erklären. Gleichwohl machen neue (oder lange verkannte) gesellschaftliche Realitäten Anpassungen notwendig. Es ist Aufgabe des
Gesetzgebers, die Rechtslage immer wieder dahingehend zu prüfen und
bei Bedarf so weiterzuentwickeln, dass sie den gesellschaftlichen Rahmenbedingungen, dem Stand des Wissens und den Erfordernissen der Zeit
gerecht wird. Dies gilt über die einfachgesetzliche Ebene hinaus natürlich
auch für unsere Verfassung.

Der SPD-Abgeordnete Otto Landsberg brachte diese Abwägung in der
damaligen Debatte um das Staatsangehörigkeitsrecht im Jahre 1913 auf

den Punkt: „Sind denn die Menschen wegen der Gesetze oder die Gesetze wegen der Menschen da?".

Es sind die Menschen, die zählen. Die Einführung eines kommunalen Ausländerwahlrechtes würde dem Rechnung tragen.

Integration – Sprache – Identität

Emine Demirbüken-Wegner

Ein klar akzentuiertes „Sprechen Sie Deutsch?" hallt durch das Wartezimmer im Krankenhaus. Der Patient lächelt und gibt ein ebenso klares „Ja" zu Protokoll. Die Tochter des Angesprochenen fängt an zu zischen: „Was für eine Unverschämtheit! Kann die nicht lesen, dass du in Köln geboren bist?!"

So führt eine harmlose, gut gemeinte Frage zu Problemen. Das Selbstbild und Selbstverständnis vieler hier lebender „Ausländer" und „Menschen mit Migrationshintergrund" ist oft ein anderes als öffentlich wahrgenommen wird. Teil dieser Gesellschaft zu sein und die Sprache zu beherrschen ist gelebte Wirklichkeit. Man ist hier zu Hause und möchte nicht als Fremder bzw. Fremde behandelt werden. Deshalb ist die Frage nach Sprachkenntnissen kein Ausdruck von Unwissenheit oder Diskriminierung, sondern dient schlicht der Bewältigung der alltäglichen Situationen in Behörden, Krankenhäusern und anderen Orten des öffentlichen Lebens. Für die CDU bedeutet die Beherrschung, das Verstehen und Sprechen der deutschen Sprache die Voraussetzung für eine funktionierende Integration in Deutschland. „Im innenpolitischen Fokus stellt Integration gar die größte innenpolitische Herausforderung dar", bemerkte der niedersächsische Ministerpräsident David McAllister, als er noch CDU-Fraktionschef im niedersächsischen Landtag war. Und in der deutschen Hauptstadt forderte die Berliner CDU zu Beginn der aktuellen Amtsperiode den rot-roten Senat um den regierenden Bürgermeister Klaus Wowereit auf, die Integration in Berlin zur Chefsache zu erklären. Schließlich muss ein klares Zeichen für die 450.000 lebenden Immigranten in Berlin gesetzt werden. Die linken Parteien im Abgeordnetenhaus aber begreifen Zuwanderung und Integration in ihrer Handlungsweise meist fälschlicherweise nur als Einbahnstraße. Dabei wird jeder zweite Berliner im Jahr 2010 einen Migrationshintergrund haben. Und das bedeutet für uns alle nicht nur ein Umdenken in allen politischen Feldern, sondern auch ein schnelles Handeln

in der tagtäglichen Arbeit. Und hier ist nach wie vor eine unserer größten
Baustellen der Bildungsbereich.

Zu spät hat man festgestellt, dass es keine Selbstverständlichkeit ist,
die deutsche Sprache zu beherrschen, wenn man in Deutschland geboren
wurde.

In den 60er und 70er Jahren wurden viele Türken als Gastarbeiter nach
Deutschland angeworben, in dem Glauben, dass sie nach ein paar wenigen Jahren wieder in ihre Heimat zurückkehren würden. Mittlerweile
aber lebt die vierte Generation von türkischen Kindern in Deutschland.
Die Rechnung sich voneinander für immer zu verabschieden ist auf beiden
Seiten nicht aufgegangen. Beim zu späten Erwachen allerseits waren die
notwendigen Rahmenbedingungen infolgedessen auch nicht vorhanden,
denn viele dachten, dass die Integration der hier aufgewachsenen und geborenen Kinder mit Migrationshintergrund kaum noch Probleme bereiten
würde. Aber die Rechnung ist auch hier nicht aufgegangen: Noch immer
verlassen rund 40 % der Jugendlichen nicht deutscher Herkunft die Schule
ohne Abschluss. Dabei darf nicht in Vergessenheit geraten, dass die Kinder
und Jugendlichen von heute, die Arbeitnehmer und Arbeitgeber von mor-
gen, also unsere Zukunft, die Zukunft unseres Landes sind.

Daher stehen uns eine Reihe von Fragen zur Integrations- und Bildungspolitik zur Beantwortung: Wie kommt es, dass manche hier in Berlin geborenen Kinder ein derart niedriges Sprachniveau besitzen, dass sie bereits in
der Grundschule Schwierigkeiten haben, dem Unterricht zu folgen? Was,
wenn sie zudem nicht einmal ihre Muttersprache wirklich beherrschen?
Und welche Folgen sind davon zu erwarten? Schlechte sprachliche Aus-
drucksmöglichkeiten machen einen nicht nur argumentationsunfähig. Sie
führen dazu, dass man nicht in der Lage ist, zu abstrahieren, simplifizieren
oder kategorisieren. Sprich, es fehlen die Mittel, um selbst differenziert zu
denken und zu handeln. Diese mangelnde Eigenschaft, Gedanken auszu-
formulieren oder sogar erst fassen zu können, beschränkt einen Menschen
lebenslang. Nie wird man seine eigenen Möglichkeiten und Begabungen
voll ausschöpfen können. In Schule und Ausbildung ist Deutsch die Ver-
kehrssprache und ohne deren Kenntnis ist es für alle Betroffenen schwer,
einen Abschluss zu erlangen, der ihren Fähigkeiten gerecht wird. So ver-
schließt man sich vielfältige Perspektiven und Lebenswege, die einem von
der intellektuellen Veranlagung her durchaus offen stehen würden, ist
kommunikativ eingeschränkt und fühlt sich nicht als Teil unserer Gesellschaft. Für die CDU aber bedeuten die Kenntnisse und Beherrschung einer

gemeinsamen Sprache die integrierende Kraft innerhalb der Gesellschaft. Die CDU/CSU-Bundestagsfraktion forderte in ihrer Ausführung zum nationalen Integrationsplan im Herbst 2006, dass jedes in die Grundschule einzuschulende Kind die deutsche Sprache soweit beherrschen muss, dass es dem Unterricht problemlos folgen kann.

Ähnlich verhält es sich im gesellschaftlichen Dialog. Wer die Sprache, in der verhandelt wird, nicht spricht, kann nicht mitreden und wird von den Ergebnissen der Diskussionen überrascht, enttäuscht, ja manchmal sogar verbittert sein. Die Forderung nach dem Spracherwerb hat also nichts mit Assimilation zu tun, sondern ist ein Ausdruck des Wunsches nach Chancengerechtigkeit, Partizipation und einem selbstbestimmten unabhängigen Leben für alle in diesem Land lebenden Menschen. Die gemeinsame Sprache und der Austausch über diese gelten als Fundament unseres alltäglichen Miteinanders.

Jahrelang wurden die Gelder für die Sprachförderung gestrichen, gleichzeitig beklagt man aber die schlechten Deutschkenntnisse der Immigranten. Als Lehrer stelle ich mir zwangsläufig die Frage, wie ich die Kinder unterrichte, deren Muttersprache nicht Deutsch ist. Ich kann doch bei diesen Kindern nicht die gleichen Maßstäbe anlegen, wie bei deutschen Kindern. Maßnahmen zur Sprachförderung im Rahmen von Integrationsbestrebungen sollten daher so früh wie möglich ansetzen, zielgerichtet geplant und nach den Bedürfnissen der Anspruchsgruppen umgesetzt werden. Nicht wie in der derzeitigen Praxis, in der zusätzliche Lehrer für ebensolche Programme als Lückenfüller für Unterrichtsausfälle herhalten müssen und veraltete Konzepte zum wiederholten Male auf ihre offensichtliche Wirkungslosigkeit getestet werden. Für die CDU bedeuten gute Deutschkenntnisse die notwendige Voraussetzung für Chancengleichheit bereits in den Kindertagen. Dies bedeutet, dass die Rolle der Kindertagesstätten als Sprachvermittler gestärkt werden muss, um im vorschulischen Bereich verpflichtende Sprachförderungsmaßnahmen durchführen zu können. Für diese Maßnahmen gilt es unter anderem die Aus- und Weiterbildung der Erzieherinnen und Erzieher zu gewährleisten.

Bereits vor einigen Jahren forderte die CDU im Berliner Abgeordnetenhaus verpflichtende Sprachkurse für Kinder mit Migrationshintergrund zu Beginn ihrer Bildungskarriere in den Kindertagesstätten. SPD und PDS lehnten damals mit nicht nachvollziehbaren Argumenten diese Forderung ab und bewiesen damit einmal mehr, dass bei ihnen Anspruch und Wirklichkeit deutlich auseinanderklaffen. Ein paar Jahre später kam endlich die späte Einsicht bei der SPD und der PDS, das letzte Kindergartenschuljahr im Bezug auf die vorschulische Sprachförderung verpflichtend zumachen. Was sind schon ein paar Jahre Verlust im Leben eines Kindes? – Für einige Kinder ist aufgrund der starren Haltung dieser Regierung der Zug abgefahren. Ein anderes aber ähnliches Beispiel: Im vorletzten Jahr lehnten die Vertreter der SPD und der PDS im Jugend- und Familienausschuss des Berliner Abgeordnetenhauses den Antrag der CDU-Fraktion ab, der nachhaltigen Sprachförderung von Müttern mit Migrationshintergrund eine strukturelle Finanzierung im Haushalt zu Gute kommen zu lassen. Dabei ist es gerade für diese Mütter so ungemein wichtig, die deutsche Sprache zu beherrschen, um den Schulalltag ihrer Kinder zu verstehen, sie auf diesem Wege zu begleiten und zu betreuen und infolgedessen ihre Bildungschance zu erhöhen.

Bereits vor 15 Jahren betonte die CDU das verpflichtende Erlernen der deutschen Sprache für die Immigranten als Schlüssel zur Integration in unserem Land. Die SPD denunzierte die damaligen Bestrebungen als Zwangsgermanisierung und wehrte sich vehement gegen die Integrationsbemühungen. Hätten die Parteien damals gemeinsam an einem Strang gezogen, zum Wohle der hier lebenden Menschen agiert, wären wir heute in der Vermittlung der deutschen Sprache bei den hier lebenden Immigranten viel weiter und hätten einige Integrationsprobleme schon im Keim ersticken können.

Bei all den Bestrebungen Deutsch zu vermitteln, darf natürlich die Muttersprache nicht verdrängt werden. Niemand soll seine kulturelle Herkunft verleugnen müssen oder gar vergessen. Vielmehr muss das Bilden von Sprachkompetenzen als wechselseitiger Prozess wahrgenommen werden. Die gezielte Förderung der sprachlichen Wurzeln ist somit ein ebenfalls nicht zu vernachlässigender Aspekt, zumal die Vorteile von Mehrsprachigkeit und interkulturellen Kompetenzen in einer mehr und mehr globalisierten Welt immer stärker hervortreten. Deshalb sollte zum Beispiel gerade das Angebot an bilingualen Bildungsangeboten weiter ausgebaut und gefördert werden. Dies bedingt aber auch eine spezielle Ausbildung der Lehrer im Fach „Deutsch als Zweitsprache". Hier besteht dringender Handlungsbedarf. Gebraucht werden zusätzlich jüngere, gut ausgebildete Lehrer mit mehr Kraft und Energie, die speziell für „Deutsch als Zweitsprache" zur Verfügung stehen. Denn immer mehr Eltern schulen ihre Kinder an „ausländerfreien" Schulen ein, doch ist dieses Phänomen längst nicht mehr nur eines deutscher Eltern. Auch die Mittelschichten der Immigranten-Community nehmen ihre Kinder aus den Schulen, weil sie wünschen, dass ihre Kinder eine Chancengerechtigkeit aus allerlei Hinsicht erhalten.

Daher genügt es nicht länger, sich nur mit einzelnen Bildungsmodellen zu begnügen und es ist unverantwortlich, interkulturelle Erziehung weiterhin nur als Modellprojekt laufen zu lassen. Den Worten um die Modelle müssen Taten folgen. Wir brauchen ein sozial gerechtes Bildungssystem mit interkulturellen Ansätzen sowie die Förderung der Mehrsprachigkeit. Dazu gehört selbstverständlich auch die strukturelle Verankerung erfolgreicher Integrationsmodelle im Bildungssystem.

Ein türkisches Sprichwort sagt: „Eine Sprache, ein Mensch" („Bir dil, bir insan") und bringt zum Ausdruck, wie sehr die Sprache die Identität eines Menschen formt, bereichert und stabilisiert. Das Vertiefen oder Erlernen einer Sprache führt zu einer neuen Seite der Persönlichkeit und zur Erweiterung des eigenen Horizontes. Die Förderung der Mehrsprachigkeit innerhalb der Europäischen Union ist seit vielen Jahren eine Selbstverständlichkeit. Dieses sollte auch ein Ziel für uns alle sein!

Integration durch politische Partizipation am Beispiel des Deutsch-Türkischen Forums der CDU

Bülent Arslan

Die Integration der Zuwanderer ist eine wichtige Zukunftsaufgabe für Deutschland. Seit einigen Jahren wird dies Einheimischen und Zuwanderern immer bewusster. Es gibt kaum eine Woche, in der dieses Thema nicht in irgendeiner Form in den Medien eine Rolle spielt. Auch Politik und Gesellschaft nehmen an der Debatte rege teil. Bei genauer Betrachtung drängt sich der Eindruck auf, dass Deutschland auf der Suche nach dem richtigen Weg in der Integration ist. Bei der stark emotionalisierten Debatte sind Spannung und Unruhe zu vernehmen. Meist geht es dabei um das Verhältnis von Türkischstämmigen zur Mehrheitsgesellschaft. Integrationsprobleme werden in erster Linie mit dieser Gruppe assoziiert.

Wie ist es um die Integration in Deutschland bestellt?

In Deutschland entsteht manchmal der Eindruck, als ob die Integration insgesamt sehr problematisch sei. Dabei stehen wir im Vergleich zu anderen Ländern ganz gut da. Es leben rund 15 Millionen Menschen mit Migrationshintergrund in Deutschland, gut sieben Millionen davon haben noch immer eine ausländische Staatsangehörigkeit. Der Anteil der noch nicht eingebürgerten Menschen an der Gesamtbevölkerung variiert allerdings regional. Gerade in den ehemaligen Industrieregionen ist dieser überdurchschnittlich hoch. Mit 2,8 Millionen Menschen bilden die Türkischstämmigen die größte Migrantengruppe.

Trotz der insgesamt positiven Bilanz gibt es in Deutschland eine ganze Reihe von Problemen im Integrationsprozess. Noch immer dominiert im Alltagsleben häufig eher das Nebeneinander als das Miteinander; noch immer treten eine ganze Reihe von sozialen Problemen unter den Türkischstämmigen deutlich häufiger auf als im Durchschnitt der Gesellschaft.

Wo liegen eigentlich die Kernprobleme? Zu unterscheiden sind hier vor allem drei Handlungsfelder:

1 Soziale Probleme

Die meisten sozialen Probleme in Deutschland treten unter Türkischstämmigen mit überdurchschnittlich hohem Prozentsatz auf. Hier ist an erster Stelle die Arbeitslosigkeit zu nennen. Während die Arbeitslosenquote im Durchschnitt in Deutschland bei etwas über acht Prozent liegt, liegt diese Quote unter den Menschen mit ausländischer Staatsangehörigkeit bei über 20 Prozent. Bei den türkischen Staatsangehörigen wiederum beträgt diese sogar mehr als 25 Prozent.

Die Ausbildungsbeteiligungsquote liegt bundesweit im Durchschnitt bei etwa 60 Prozent, die entsprechende Quote unter den Jugendlichen mit Migrationshintergrund ist von einem niedrigen Wert im Jahr 2005, nämlich 34 Prozent, 2006 nochmals gesunken auf 29 Prozent. Die schwierigen Arbeitsmarktzahlen hängen unmittelbar mit der Bildungsbeteiligung zusammen. Hier hat die berühmte PISA-Studie gezeigt, dass die Integrationskraft des deutschen Schulsystems verbesserungswürdig ist. Die Schulabschlüsse der Jugendlichen mit Migrationshintergrund sind im Vergleich zu deutschen Jugendlichen wesentlich schlechter; ihre Absolventenzahlen sind für die Hauptschule dreimal so hoch wie bei deutschen Schülern, während der entsprechende Wert bei Abiturienten fast dreimal niedriger ist.

2 Fehlender Dialog

Neben diesen sozialen Themen fehlt es an Austausch und Dialog im privaten Leben. Untersuchungen zeigen, dass Einheimische und Türkischstämmige vorrangig in Betrieben und Schulen Kontakt zueinander haben. Im gesamten privaten Bereich, wie z.B. in der Nachbarschaft, im Vereinsleben, in der Freizeit oder im Freundeskreis gibt es zu wenig interkulturelle Beziehungen. Genau hier muss angesetzt werden.

Forscht man nach den Ursachen dieses fehlenden Dialogs, dann spielt häufig das scheinbar unterschiedliche Kultur- oder Werteverständnis eine wichtige Rolle. In diesem Zusammenhang wird auch oft die unterschiedliche Glaubenszugehörigkeit genannt. Von daher ist ein intensiver Austausch über Werte- und Religionsfragen von Nöten. Erst wenn sowohl die Gemeinsamkeiten als auch die Unterschiede erkannt werden, können fundierte zwischenmenschliche Beziehungen entstehen.

3 Fehlende gemeinsame Identifikation

Ein drittes Handlungsfeld ist dem emotionalen Bereich zuzuordnen. Dieses Thema kommt in der integrationspolitischen Debatte viel zu kurz. Die meisten Akteure haben begriffen, dass beispielsweise Sprache und Bildung wichtige Integrationsfaktoren sind. Allerdings spielt die Gefühlsebene bei Integrationsfragen häufig eine viel größere Rolle. Genau hier greift die öffentliche Debatte zu kurz.

Deswegen braucht Integration auch eine gemeinsame Identifikationsbasis. Die Menschen müssen sich als *eine* Gesellschaft fühlen. Es muss so etwas wie ein *Teamgeist* entstehen. Und hier spielt die Frage, wohin die Türkischstämmigen gehören, eine wichtige Rolle. Einheimische und Türkischstämmige müssen in ihren Köpfen verankern, dass beide Gruppen zu Deutschland gehören. Hier erscheint die Frage nach dem „Deutsch-sein" als sehr entscheidend. Ab wann ist man eigentlich Deutscher? Zwischen der gesetzlichen Regelung und dem gesellschaftlichen Leben gibt es hier einen Widerspruch. Laut der Verfassung ist man Deutscher, wenn bestimmte Voraussetzungen erfüllt werden und die Einbürgerung beantragt wird. In der gesellschaftlichen Wahrnehmung ist allerdings nicht jeder Eingebürgerte auch gleich Deutscher. Dieser Gedankengang ist sowohl bei Deutschstämmigen als auch bei Menschen aus muslimischen Kulturkreisen anzutreffen. Deswegen muss eine stärkere emotionale Verbindung innerhalb der Gesellschaft aufgebaut werden, um ein Gemeinschafts- oder „Wir"-Gefühl zu erzeugen.

Lösungsansätze in diesen drei Handlungsfeldern können nur funktionieren, wenn die Türkischstämmigen selbst aktiviert werden. Ein paternalistischer Weg, der die Zuwanderer als „Opfer" sieht und bei dem Lösungen durch Einheimische entwickelt und an die Türkischstämmigen herangetragen werden, wird nicht erfolgreich sein. In diesem Zusammenhang kommt der politischen Teilhabe eine besondere Bedeutung zu. Westliche Demokratieideen unterscheiden allgemein zwischen zwei Arten der „Teilhabe": gesellschaftliche und politische Partizipation. Wo die gesellschaftliche Partizipation den Einbezug beispielsweise in Vereinen oder Ehrenämtern umfasst, zielt politische Partizipation auf Mitbestimmung im politischen System ab. Politische Partizipation ist daher ein Kernelement der liberal-demokratischen Gesellschaft, in der wir leben. Obwohl die Türkischstämmigen sich recht früh im sozialen, kulturellen und religiösen Bereich organisiert haben, ist die politische Teilhabe insbesondere in Parteien hingegen zu lange vernachlässigt worden. Von daher muss die Partizipation der Türkischstämmigen gestärkt werden.

Der Weg der Türkischstämmigen in die Parteien ist jedoch nicht einfach. Zum einen fehlt die Tradition aus dem Herkunftsland, in Parteien aktiv mitzuarbeiten. Zum anderen haben deutsche Parteien zu lange jene Zielgruppe vernachlässigt und sich nicht bemüht, diese Menschen als politische Subjekte in ihre Reihen aufzunehmen. Dieses Problem herrschte in der Vergangenheit insbesondere innerhalb der bürgerlichen Parteien vor. Während sich die Parteien des linken politischen Spektrums aus ideologischen Gründen der Gruppe der Türkischstämmigen zuwandten, blieb der entsprechende Schritt bei CDU und CSU lange Zeit aus.

Das Deutsch-Türkische Forum der CDU – ein Beispiel für Migrantenpartizipation

Für die Christlich-Demokratische Union wurde daher im Jahre 1997 in Nordrhein-Westfalen das Modell des Deutsch-Türkischen Forums (DTF) entwickelt. Ihre Gründungsväter sind sowohl deutsche als auch türkischstämmige Politiker. In der Regel sind DTF-Mitglieder ebenfalls CDU-Parteimitglieder, jedoch besteht ebenso die Möglichkeit einer außerordentlichen Mitgliedschaft. Heute existieren neben Nordrhein-Westfalen schon in mehreren Bundesländern Zusammenschlüsse: Berlin, Hamburg, Bremen, Saarland und in der Region Stuttgart; eine bundesweite Gründung wird im Jahr 2011 anvisiert. Das DTF setzt sich vor allem zum Ziel, Integration zu fördern. Darunter fallen wichtige Handlungsfelder wie Schule und Bildung, Wirtschaft, Religion, Familie und Jugend. Zudem soll ebenfalls die politische Partizipation von türkischstämmigen Migrantinnen und Migranten gefördert werden. Das DTF als Plattform für einen Austausch zwischen Deutsch- und vorwiegend Türkischstämmigen repräsentiert die schrittweise Einbeziehung der größten Migranten-Community in parteiinterne Entscheidungsprozesse. Es bietet die Möglichkeit, politische Interessenlagen zu formulieren und zu artikulieren. Da das Forum selbst nicht die Rechtsform einer politischen Partei innehat, kann es als eine Art Lobby fungieren. Wichtiger noch: es kann eine Brücke zwischen den Prinzipien der CDU, der es als Verein angehört, und den türkischstämmigen Wahlberechtigten schlagen. Zu diesem Zweck führt das DTF selbst Veranstaltungen durch beziehungsweise nimmt an Konferenzen usw. teil, um den Diskurs im Integrationsbereich und den interkulturellen Austausch zu fördern und neue Denkanstöße aus Sicht der türkischstämmigen Migranten in die CDU hineinzutragen. So lud das DTF Nordrhein-Westfalen im August 2009 zu einem Empfang anlässlich des Fastenbrechens am Ende des Fastenmonats Ramadan ein, an dem auch CDU-Politiker wie der Integrationsbeauftragte des Landes Nordrhein-Westfalen, Thomas Kufen, und der damalige Kölner OB-Kandidat, Peter Kurth, anwesend waren. Auch war das DTF bei der ersten Konferenz für CDU-Mandatsträger mit Migrationshintergrund vertreten, die vor der Bundestagswahl 2009 im Konrad-Adenauer-Haus in Berlin stattfand und zum Ziel den Erfahrungsaustausch zwischen CDU-Mandatsträgern mit und ohne Migrationshintergrund, gerade auch im Bereich der Integrationspolitik, hatte.

Das DTF hat einen wichtigen Stellenwert für die künftige Ausrichtung der CDU. Zum einen repräsentiert es die Öffnung der Partei gegenüber Migrantinnen und Migranten. Der Prozess dieser Öffnung hat allerdings erst begonnen. Die Gewinnung von Menschen mit Migrationshintergrund stellt für die CDU noch eine große Herausforderung dar. In Umfragen wird beispielsweise deutlich, dass nur eine kleine Minderheit der türkischstämmigen Migrantinnen und Migranten sich bei gegebenem Wahlrecht für die CDU entscheiden würden. Dies ist der CDU bewusst. So bietet das DTF zudem eine Rekrutierungsmöglichkeit für aktive und engagierte Menschen mit Migrationshintergrund, die aufgrund der zunehmend deutlicher werdenden Integrationsbestrebungen und -bemühungen in Deutschland immer notwendiger werden. So können engagierte türkischstämmige Deutsche drei strategisch wichtige Zielsetzungen zugleich erfüllen: auf unterschiedlichen föderalen Ebenen können sie die Interessen von Migranten, denen das staatsbürgerliche Wahlrecht fehlt, authentischer vertreten; zugleich können sie als Ansprechpartner für diese Migranten fungieren und zuletzt eine Vorbildfunktion für diese erfüllen. Insofern konnte das Deutsch-Türkische Forum in der CDU NRW als Modellprojekt die Partizipation der Türkischstämmigen innerhalb der Landespartei verstärken und organisieren. Durch eine stärkere Öffnung der CDU insgesamt kann dieses Modellprojekt zu einem Erfolgsprojekt in der Gesamtpartei werden.

Vom Fließband in den Bundestag
Wie ich als erster Gastarbeiter ins deutsche Parlament gewählt wurde

Josip Juratovic

„Unterländer Genossen und ihre ‚Lust am Untergang'." – *„Rot und tot?"* – *„Sehenden Auges haben die Unterländer Genossen eine Fahrkarte nach Berlin ausgeschlagen."* – *„Die Unterländer Sozialdemokratie hat die Chance verpasst, mit Rainer Dahlem auf die große Bühne der Politik zurück zu springen."*[1] So lauteten die Schlagzeilen der lokalen Presse in den Tagen nach meiner Nominierung zum SPD-Bundestagskandidaten im Wahlkreis Heilbronn. Nicht nur für die Journalisten, sondern auch für viele meiner Parteigenossen war es offensichtlich, dass die Wiedereroberung eines Bundestagsmandates für die Heilbronner SPD kaum mit einem Migranten und Arbeiter erreicht werden könne. Zumal als Alternative Rainer Dahlem bereitstand, der als langjähriger Landesvorsitzender der Gewerkschaft Erziehung und Wissenschaft (GEW) nur kurze Zeit zuvor den Bundesvorsitz seiner Gewerkschaft abgelehnt hatte. Und dennoch: Ich sitze seit 2005 im Deutschen Bundestag und bin dort Mitglied in meinem Wunschausschuss für Arbeit und Soziales. Wie ist es dazu gekommen?

Meine Ankunft in Deutschland

Als ich 1974 aus dem kroatischen Koprivnica nach Deutschland kam, war ich 15 Jahre alt. Ich folgte meiner Mutter, die bereits einige Jahre zuvor nach Gundelsheim ausgewandert war. Eines meiner ersten Erlebnisse in Deutschland war das Sommerlager des örtlichen Roten Kreuzes im Schwarzwald. Ich lernte sofort, dass die deutsche Sprache Eintrittsvoraus-

---

[1] Krauth, Kilian; Unterländer Genossen und ihre „Lust am Untergang", Heilbronner Stimme vom 27. 06. 2005. Krauth, Kilian; Rot und tot?, Heilbronner Stimme vom 27. 06. 2005. Friedl, Joachim; Krauth, Kilian; Nach dem Aufstand der Basis demonstrieren Genossen Geschlossenheit, Heilbronner Stimme vom 28. 06. 2005.

setzung war, um mit den anderen Jugendlichen in Kontakt zu kommen. Ich nahm diese Herausforderung an.

In Gundelsheim war ich auch wegen der Sprache sehr schnell in der Jugend-Szene integriert, zumal ich ein sehr kontaktfreudiger Mensch bin. Weil es in Gundelsheim keinen Ort für uns Jugendliche gab und wir nicht mit den Älteren in den Kneipen herumhängen wollten, lud ich meine Freunde oft zu mir nach Hause ein. Auch wenn meine Mutter gerne viele Leute bekochte, gingen wir ihr mit der Zeit auf die Nerven, und wir waren ebenso mit der Situation unzufrieden. Uns war klar: Wir brauchen einen Jugendtreff. Wir traten in Verhandlungen mit der Stadtverwaltung und erreichten nach der Überwindung einiger Hürden unser Ziel. Genau genommen war dies mein erster politischer Erfolg.

Mein Weg zur SPD

Doch nicht nur die Politik auf kommunaler Ebene, sondern auch die Weltpolitik beschäftigte mich. Mit meinen langen Haaren war ich in ganz Gundelsheim als „Che G." bekannt, eine Anspielung auf den lateinamerikanischen Revolutionär. Ich galt damals bereits als der „politische Kopf" meiner Clique.

Zur SPD kam ich mit 23 Jahren. Ich hatte zunächst meinen Hauptschulabschluss in Gundelsheim erlangt, anschließend mangels Ausbildungsplatz ein Jahr die Berufsfachschule Metall in Neckarsulm besucht und dann eine Lehre zum Kfz-Mechaniker in Bad Rappenau absolviert. Meinen ersten Job bekam ich bei einer Kfz-Werkstatt in Mannheim. In dieser Zeit entdeckte ich in der Mannheimer Fußgängerzone einen Infostand der SPD. Spontan ging ich hin und fragte den wackeren Genossen unter dem SPD-Schirm, ob ich denn als Ausländer auch bei der SPD mitmachen dürfe. Er wusste dies nicht und musste erst einmal seinen Vorsitzenden fragen. Ich durfte.

Ich hielt es in Mannheim allerdings nicht lange aus, meine Freunde fehlten mir. So wechselte ich bald in eine Kfz-Werkstatt im nahen Bad Friedrichshall und erhielt binnen Jahresfrist einen Job bei Audi in Neckarsulm. In Gundelsheim, der CDU-Hochburg des Landkreises Heilbronn, gründete ich 1984 eine Juso-Gruppe und übernahm gleich auch den Vorsitz des von mir reaktivierten SPD-Ortsvereins. Wir Gundelsheimer Jusos waren eine mitgliederstarke Truppe, ich hatte viele Leute aus meiner

Clique zum Parteibeitritt bewegt. Große politische Diskussionen waren nicht unser Ding, spätestens nach einer halben Stunde hatten meine Jungs genug davon. Stattdessen bereicherten wir Gundelsheimer Jusos das kulturelle Leben unserer Stadt, indem wir etwa die angesagten Musikgruppen Nazareth und The Dubliners im Rahmen ihrer Deutschlandtourneen in die Provinz holten. Mit dem reaktivierten SPD-Ortsverein gelang es uns, die Zahl der Stadträte von damals zwei auf heute sieben kontinuierlich zu erhöhen.

Als Arbeitnehmervertreter in den Betriebsrat

Mit dem Eintritt in die Audi AG kam ich auch zur IG Metall und war schnell Vertrauensmann. Zunächst war ich sieben Jahre am Fließband als Lackierer beschäftigt und konnte später in die Qualitätssicherung wechseln. Die Lackiererei war damals eine unbeliebte und sehr ungesunde Tätigkeit. Neben mir waren fast nur ausländische Kollegen am Band eingesetzt, die häufig schlecht Deutsch sprachen. Ich wollte das ändern, deswegen habe ich angefangen, auf Deutsch Geschichten zu erzählen, vor allem aus der Bibel. Wir entdeckten viele Gemeinsamkeiten zwischen Christentum und Islam. Auch als Vertrauensmann war ich sehr geschätzt und hoffte, bald Betriebsrat zu werden. Das funktionierte aber nicht so schnell wie erhofft, obwohl dem Betriebsrat meine aktive Arbeit bekannt sein musste, auch wegen vieler kritischer Wortmeldungen bei Betriebsversammlungen.

Einmal nahm mich der damalige Betriebsratsvorsitzende zur Seite und erklärte mir, dass ich mit der „reinen Lehre" nichts gewinnen werde. Wer etwas für die Arbeitnehmer erreichen wolle, dem gelinge dies nicht mit der bestmöglichen Opposition gegenüber dem Arbeitgeber. Stattdessen müssten durch ein kooperatives Verhältnis zum Arbeitgeber Möglichkeiten der Mitgestaltung aufgebaut werden. Pragmatisches Handeln ist ein steiniger Weg, lernte ich. Für mich war dieses kurze Gespräch ein Schlüsselereignis. Im Jahr 2000 wurde ich schließlich in den Betriebsrat gewählt.

Friedensarbeit auf dem Balkan

Auch ein anderes, trauriges Ereignis prägte mich in den 1990er Jahren: die gewalttätige Auflösung meines Geburtslandes Jugoslawien. Ich musste erfahren, wie blinder Nationalismus und Dogmatismus zu Krieg und Gewalt führen können. Frühere Nachbarn, die kurze Zeit vorher noch gemeinsam gefeiert hatten, kämpften plötzlich gegeneinander. Ich verstand, dass all die politischen Auseinandersetzungen, die wir in Deutschland führten, so unbedeutend waren im Vergleich zur Frage von Krieg und Frieden. Und ich habe gelernt, dass die Weltgemeinschaft einen derartigen Bürgerkrieg nicht hinnehmen darf, sondern entschlossen handeln muss.

Ich wollte und konnte aus dem fernen Deutschland nicht tatenlos zusehen und gründete innerhalb der IG Metall die Friedensinitiative „Novi Most – Neue Brücke"[2], in der sich in Deutschland lebende Ex-Jugoslawen aus allen Teilrepubliken zusammenschlossen. Als Vertreter von Novi Most traf ich auf dem Balkan mit einem kleinen Kreis von Intellektuellen zusammen, um friedliche Wege aus der Situation zu finden. Aus dieser Zeit kenne ich den heutigen kroatischen Präsidenten Stipe Mesić und den Direktor der Politischen Fakultät der Universität Belgrad, Žarko Paunović, mit denen mich eine tiefe Freundschaft verbindet. Für die kroatische Regierung unter Franjo Tuđman galt ich jedoch als Volksverräter. Der Sabor, das kroatische Parlament, erklärte mich 1995 für „vogelfrei".[3]

Auch wenn meiner Ansicht nach keine Gesellschaft immun ist gegen Gewalt, kann Frieden am besten von einer demokratischen Bürgergesellschaft garantiert werden. Ich habe deswegen Ende der 1990er Jahre begonnen, mich am Wiederaufbau der Gewerkschaften auf dem Balkan zu beteiligen, seit 2000 auch als Vertrauensmann Internationales beim Bundesvorstand der IG Metall. Meine Hoffnung ist die Jugend. Deswegen veranstaltete ich auf dem Balkan Seminare, an denen Jugendvertreter aus allen Nachfolgerepubliken Jugoslawiens gemeinsam teilnahmen.

Durch intensive Parteiarbeit zur Wahlkreisnominierung

Mein parteipolitisches Engagement führte mich in den 1990er Jahren aus Gundelsheim in den SPD-Kreisvorstand Heilbronn-Land und den baden-württembergischen SPD-Landesvorstand. Ich bin der festen Überzeugung,

---

[2] Für weitere Informationen vgl. IG Metall-Vorstand (Hrsg.), Novi Most – Neue Brücke. Für Frieden und soziale Gerechtigkeit in Südosteuropa, Frankfurt 2003.
[3] Vgl. Stockburger, Manfred; In den Köpfen bleiben zu viele Schranken stehen, Heilbronner Stimme vom 21. 01. 2008.

dass eine Volkspartei ohne gesunde Parteistrukturen und nachhaltige Nachwuchsarbeit nicht überleben kann. Deswegen lag mein Hauptaugenmerk als stellvertretender Kreisvorsitzender stets auf der Parteibasis, und ich wurde für viele Ortsvereine ein wichtiger Ansprechpartner. Meine Familie musste mich abends und am Wochenende häufig wegen Parteiversammlungen und SPD-Festen entbehren. Besonderen Kontakt hielt ich auf Kreis- wie auf Landesebene zu der Arbeitsgemeinschaft für Arbeitnehmer und zu den Jungsozialisten.

1998 nahm ich die deutsche Staatsbürgerschaft an und wurde 2004 in den Gundelsheimer Stadtrat gewählt. Ende 2004 startete in der Heilbronner SPD der Auswahlprozess für die nächste Bundestagskandidatur, da der ehemalige SPD-Abgeordnete Harald Friese 2002 nicht wiedergewählt worden war und auf eine erneute Kandidatur verzichtete. Weil das Direktmandat für die SPD aufgrund des ländlichen Anteils des Wahlkreises unwahrscheinlich erschien[4], bildeten die SPD-Kreisvorstände Heilbronn-Stadt und Heilbronn-Land eine Findungskommission aus Kreisvorsitzenden und Landtagsabgeordneten, um die Chancen möglicher Kandidaten für einen sicheren Platz auf der Landesliste auszuloten. Die Findungskommission verwarf mehrere Bewerbungen, darunter auch meine. Dabei spielten mit Sicherheit auch mein Migrations- und mein Arbeiterhintergrund eine Rolle. Dies ist durchaus nachvollziehbar, denn es ist für eine Volkspartei nicht einfach, mit einem Gastarbeiter auf Stimmenfang zu gehen. Stattdessen präsentierte die Findungskommission den GEW-Landesvorsitzenden Rainer Dahlem als Kandidaten, der nach ihrer Meinung die besten Chancen auf einen sicheren Listenplatz habe.

Ich hatte der Findungskommission schon vorab erklärt, auch gegen ihren Vorschlag anzutreten, wenn ich der Überzeugung wäre, dass ich eine bessere Chance auf einen Listenplatz hätte. Und ich war mir sicher, dass es Rainer Dahlem bei der Listenaufstellung schwer haben würde, weil er nicht in der Partei verankert war. Deswegen verkündete ich meine Gegenkandidatur. Unterstützung bekam ich aus unterschiedlichen Gründen von vielen Basismitgliedern wie auch von der Mehrheit meines Kreisvorstands Heilbronn-Land: Das Bedürfnis nach Authentizität und Glaubwür-

---

[4] Vgl. Graner, Jürgen; Personalisierung als erfolgreiche Wahlkampfstrategie? „Prinzessin mit dem Mahagonihaar" oder „geröteter Haarschopf", in: Schmid, Josef/Griese, Honza (Hrsg.), Wahlkampf in Baden-Württemberg. Organisationsstrukturen, Strategien und Ergebnisse der Landtagswahl vom 25. März 2001, Opladen 2002, S. 43–60.

digkeit war in unserer Partei groß, und diese Eigenschaften wurden mir zugeschrieben. Vor allem die Jusos waren mit einigen Personalentscheidungen der Heilbronner SPD in der näheren Vergangenheit unzufrieden und wollten nun mich als Alternative. Und manche, die zur Landesebene Kontakt hatten, wussten um meine Beliebtheit im Landesverband und um die Schwierigkeiten für einen Kandidaten Dahlem.

Die lokale Parteiführung und die Medien waren jedoch davon überzeugt, dass ich für Rainer Dahlem keine wirkliche Gefahr darstellte. Bei einer ersten Kandidatenvorstellung vor den Mitgliedern wurde jedoch offensichtlich, dass ich Dahlem das Wasser reichen konnte. In der durch die vorgezogenen Neuwahlen bedingten knappen Vorlaufzeit zur Nominierungsveranstaltung führten meine engsten Unterstützer und ich mit vielen Delegierten Gespräche. Wir waren uns vor der Wahl sicher, dass die Entscheidung knapp werden würde und unsere Chancen gut standen.

Die Nominierungskonferenz an einem schwülwarmen Sommerabend war emotional aufgeladen. Es kam zu Uneinigkeiten im Sitzungspräsidium. Als der ehemalige Bundestagsabgeordnete Harald Friese zur Wahl von Rainer Dahlem aufrief, wurde dies mit empörten Zwischenrufen quittiert. Der Juso-Kreisvorsitzende Christian Eheim erhielt hingegen großen Applaus, als er mich als einen bodenständigen Kandidaten beschrieb: „Andere reden, Menschen wie Josip aber krempeln die Ärmel hoch."[5] Die Heilbronner Stimme erklärte am folgenden Tag, dass sich „die Hitze von draußen auf die Köpfe drinnen übertragen"[6] habe. Ich entschied die Nominierung mit 87 zu 72 Stimmen für mich.

Als „Held von Albstadt" auf die Landesliste

Nach der Nominierung bekam ich kräftigen Gegenwind von den Anhängern Rainer Dahlems und in der Presse zu spüren. Wie kann es angehen, dass die SPD einen GEW-Landesvorsitzenden derart beschädigt? Wieso vergibt die Heilbronner SPD vermeintlich leichtfertig die Chance auf einen sicheren Listenplatz? Ich hatte heftige Attacken befürchtet, aber nicht in dieser Schärfe. Jetzt war es meine Aufgabe, das Versprechen eines sicheren

---

[5] Das Redemanuskript ist einzusehen beim Verfasser.
[6] Krauth, Kilian; Unterländer Genossen und ihre „Lust am Untergang", Heilbronner Stimme vom 27. 06. 2005.

Listenplatzes einzulösen. Ich wusste, dass dies schwierig werden würde. Zumindest wollte ich zeigen, dass ich kämpfe. Ich rechnete nicht damit, von der Listenkommission, die dem Landesvorstand einen Vorschlag unterbreitet, auf einen sicheren Listenplatz gesetzt zu werden. Viel Zuspruch bekam ich jedoch auf der folgenden Landesvorstandssitzung von meinen politischen Weggefährten und vom Vorsitzenden des Netzwerks Mannheimer Kreis, Petar Drakul. Auch die Jusos waren an meiner Seite, und ihr Landesvorsitzender Hendrik Bednarz erklärte in einer Pressemeldung, dass die Jusos für mich kämpfen würden.

Wie erwartet, war ich im Vorschlag der Listenkommission mit Platz 25 nicht auf den als sicher geltenden vorderen 20 Plätzen berücksichtigt. Im Landesvorstand jedoch fädelte der Gewerkschaftsvertreter im Präsidium, Dr. Rudolf Luz, einen Tausch mit dem auf Platz 15 positionierten langjährigen Abgeordneten Hermann Bachmaier ein. Staatsminister Hans Martin Bury hielt meine Fürsprache, und in geheimer Abstimmung gewann ich den Tausch mit 15 zu 5 Stimmen. Dieser Platz wurde am Tag darauf von der Landesdelegiertenkonferenz bereits im ersten Wahlgang bestätigt, obwohl ich mich gegen zwei Gegenbewerber behaupten musste.

Nach meiner Wahl konnte der Parteitag erst einmal nicht fortgesetzt werden, weil unzählige Gratulanten nach vorne zur Bühne stürmten. Die Bilder wurden am Abend im SWR-Fernsehen ausgestrahlt. Die Frankfurter Rundschau schrieb: *„Der Arbeiter und Betriebsrat Josip Juratovic soll mit Landeslistenplatz 15 die ‚Stimme des kleinen Mannes' in den Bundestag bringen"* und bezeichnete mich als *„Held[en] von Albstadt-Tailfingen".*[7] Ich hatte gehofft, dass ich mich auf große Sympathien innerhalb des Landesverbands verlassen kann. Aber ich war überwältigt, wie wichtig für viele in der Partei meine Kandidatur war. Schließlich war dies das erste Mal seit 1990, dass die Landesdelegiertenkonferenz den ursprünglichen Vorschlag der Listenkommission nicht komplett bestätigte.

Bei der Bundestagswahl 2005 konnte ich im Wahlkreis Heilbronn 33,6 Prozent der Erststimmen auf mich vereinen, während die SPD 32,4 Prozent erreichte. Obwohl das Zweitstimmenergebnis lediglich um 3,2 Prozentpunkte im Vergleich zu 2002 zurückgegangen ist, verlor ich bei den Erststimmen 6,1 Prozentpunkte gegenüber meinem Vorgänger. Ich zog über die Landesliste in den Bundestag ein, die bis Platz 23 zum Mandat gereichte.

---

[7] Renz, Gabriele; Baden-Württembergs SPD setzt auf Gewerkschafter, Frankfurter Rundschau vom 22. 07. 2005.

Wie kam der Erfolg?

Wie habe ich es geschafft, entgegen aller bisherigen empirischen Befunde als Gastarbeiter in den Bundestag einzuziehen?[8]

Mit Sicherheit waren meine Herkunft aus dem Arbeitermilieu und mein Migrationshintergrund Hindernisse für die Wahlkreisnominierung. Interessanterweise wurde mein Migrationshintergrund zu keinem Zeitpunkt direkt angesprochen, spielte jedoch unterschwellig immer eine Rolle. Ein unausgesprochenes Argument gegen meine Kandidatur war, dass mein ausländischer Name Erststimmen kosten könnte. Diejenigen, die dies bei meiner Wahlkreisnominierung befürchteten, sollten Recht behalten. Meine starke Verankerung in der Kreis- und Landespartei sorgte allerdings dafür, dass ich diese hohen Hürden übersprang. Ich konnte die Mehrheit der Delegierten davon überzeugen, dass ich eine mindestens ebenso gute Chance auf einen sicheren Listenplatz hatte wie Rainer Dahlem. Durch mein jahrelanges Engagement traute man mir zu, auch als Abgeordneter nah an den Problemen der Menschen zu sein. Rainer Dahlem vereinte zwar Eigenschaften auf sich, die dem Prototyp eines erfolgreichen Kandidaten und Berufspolitikers entsprechen, jedoch fehlte ihm die Nähe zur Partei. Während ich in den vorangegangenen Jahren die Jusos stets unterstützt hatte, war Rainer Dahlem nicht über die Relevanz des Parteinachwuchses im Bilde und zeigte sich nach der Nominierung verwundert, dass „vor allem die Jusos eine so dominierende Rolle gespielt haben"[9].

Bei der Aufstellung der Landesliste waren mein Migrationshintergrund und meine Herkunft aus dem Arbeitermilieu von Vorteil. Weil zur Wahl 2005 zwei Arbeiter und Gewerkschafter aus dem Bundestag ausschieden, bestand Notwendigkeit zur Kompensation. Dies hatte der Landesvorstand erkannt und mich als Kfz-Mechaniker und Betriebsrat zur gesellschaftlichen Ausgewogenheit der Liste aussichtsreich platziert. Dass die baden-württembergische SPD erstmals auch mit einem Migranten im Bundestag

---

[8] In wissenschaftlichen Arbeiten wurde hierfür bereits nach Erklärungen gesucht. Vgl. Fleischmann, Antonia; Der Nominierungsprozess zur Bundestagswahl 2005 im Wahlkreis 268 Heilbronn, unveröffentlichte Hausarbeit, Freie Universität Berlin 2006. Vgl. Steg, Christian; Die Nominierung des Bundestagskandidaten der SPD im Wahlkreis Heilbronn zur Bundestagswahl 2005 im Lichte der Parteienforschung, unveröffentlichte Abschlussarbeit, Technische Universität Chemnitz 2008.
[9] Zitiert nach Friedl, Joachim; Krauth, Kilian; Nach dem Aufstand der Basis demonstrieren Genossen Geschlossenheit, Heilbronner Stimme vom 28. 06. 2005.

vertreten ist, galt als positiver Nebeneffekt. Meine Außenseitermerkmale verhalfen mir zum Erfolg. Dass ich die Wahl gegen Hermann Bachmaier auch auf der Landesdelegiertenkonferenz gewann, ist wie auch bei der Wahlkreisnominierung meiner Verankerung in der Partei zu verdanken. Hermann Bachmaier vertraute als langjähriger Abgeordneter auf das ungeschriebene Gesetz, dass amtierende Abgeordnete wieder abgesichert werden.

In meinen ersten Jahren im Bundestag habe ich erfahren, dass es nicht einfach ist, als Nicht-Akademiker im politischen Alltag zu bestehen. Aber ich habe gekämpft. Im Ausschuss für Arbeit und Soziales werde ich dafür geschätzt, dass ich bei unseren Gesetzesvorhaben den Maßstab der betrieblichen Praxis anlegen kann. Dies wird auch in der Fraktionsführung honoriert, und ich konnte bereits zahlreiche prominente Kollegen in meinem Wahlkreis begrüßen.[10] Die Hürden, die mir als Arbeiter und Migrant begegnen, konnte ich in Außenseiterqualitäten verwandeln.

Ich bin mir bewusst, dass 2005 viele kleine Zahnräder ineinander griffen und viele Zufälle meine erfolgreiche Wahl begünstigten. Doch ich habe gezeigt, dass ich keine Eintagsfliege bin und als Gastarbeiter den Weg vom Fließband in den Bundestag erfolgreich beschritten habe. Meine Partei im Wahlkreis weiß ich nun geschlossen hinter mir. Ich wurde mit 95,5 Prozent Zustimmung wieder als Kandidat für die Bundestagswahl 2009 aufgestellt. Auch auf der Landesliste konnte ich mit Platz 16 einen sicheren Listenplatz verteidigen und zog somit erneut in den Deutschen Bundestag ein. Ja, auch wir Migranten können das – und im Zweifel sogar ohne Abitur.

---

[10] Vgl. Heer, Uwe Ralf; Handel und Kurpark: Neue Ansichten und gute Aussichten, Heilbronner Stimme vom 29. 02. 2008.

Es war Oktober, als meine persönliche Migrationsgeschichte begann

Özcan Mutlu

Es war Oktober, die Tage wurden kürzer und die Nächte länger. Im Sommer sollte ich in die Schule kommen. Ich freute mich riesig, dass es bald soweit war. Aber es kam anders. Es war das Jahr des Anwerbestopps, November 1973 sollte das sogenannte Anwerbestoppabkommen in Deutschland in Kraft treten. Also beschloss mein Papa im fernen Deutschland, dass meine Mutter mit mir und meinem kleinen Bruder im Huckepack aus Kelkit-Gümüşhane im Nordosten der Türkei zu ihm nach Berlin aufbrechen sollte. Ich wollte gar nicht, ich wollte viel lieber wie einige meiner älteren Freunde in die Dorfschule. Weder die Spannung noch die Neugier, endlich in eine „Tayere", dieses wunderbare Fluggerät zu steigen, welches die Menschen in die Lüfte hob, vermochten es, mich auf das Land zu freuen, von wo aus Papa uns immer die süße Schokolade mitbrachte.

In Berlin angekommen, war ich überwältigt von den vielen großen Häusern und den vielen Autos. Wir hatten auch einen Fernseher zuhause, dieser schwarze Wunderkasten mit der Aufschrift „Grundig-TV" war voll mit kleinen Menschen, die sich bewegten und in einer mir fremden Sprache sprachen. Im Dorf hatten wir viel über diesen Kasten gehört, nun hatten wir einen in unserer Wohnung. Schnell fand ich Freunde, zwar konnte ich kein Deutsch aber ich nutzte meine Hände und meine Füße für die Kommunikation. Unter Fünfjährigen war das völlig ausreichend. Der Kontakt zu den gleichaltrigen deutschen Kindern, die gegenseitigen Besuche sowie die Kinderserie Sesamstraße halfen mir schnell, Deutsch zu lernen.

Meine erste Überraschung erlebte ich, als ich eingeschult wurde. Plötzlich befand ich mich ausschließlich unter türkischen Kindern. So viele türkische Kinder auf einem Haufen hatte ich seit unserem Dorf nicht erlebt. Manche hatten etwas unterm Arm und klammerten sich richtig daran, später sollte ich lernen, dass das die traditionelle Schultüte war, in der allerlei Süßigkeiten waren. Bis zur vierten Klasse war ich in dieser sogenannten Ausländerregelklasse, mit kaum bis keinem Kontakt zu deutschen Schülerinnen und Schülern. Meinen Deutschkenntnissen aus den ersten Jahren verdanke ich es, dass meine Deutschlehrerin mich aus dieser Ausländer-regelklasse herausnahm und in eine Regelklasse steckte. In meiner neuen Klasse waren wir 27 Schülerinnen und Schüler aus zwölf Nationen. Unsere gemeinsame Sprache war Deutsch, anders hätte es nur ein Sprachwirrwarr gegeben. Die Aufnahme in die neue Klassengemeinschaft war allerdings alles andere als einfach und verlief sehr schwer. Auch wenn es mir nicht nachhaltig geschadet hat, schließlich brachte ich es bis zum Diplom-Inge-nieur, habe ich in diesen Jahren in der Ausländerregelklasse viel verloren …

Meine Grundschuljahre waren geprägt davon, dass ich aufgrund mei-ner guten Deutschkenntnisse immer wieder Dolmetscherdienste für Fami-lie und Verwandte übernehmen musste, wie viele aus meiner Generation. Die Übersetzungen bei Behörden, Ärzten und sonstigen Einrichtungen kamen mir damals als kleiner Steppke sehr gelegen, waren sie doch eine willkommene Gelegenheit, von der Schule fern zu bleiben. Meine Eltern hatten sonst niemanden, der übersetzen konnte.

Denke ich an die ersten vier Jahre meiner Kreuzberger Grundschulzeit zurück, hätten sie sich auch in der Türkei abspielen können: Der Unterricht fand fast nur auf Türkisch statt. Deutsche oder nichttürkische Klassen-kameraden hatten wir kaum. Lediglich unsere Mathematik- und Deutsch-lehrerin begegnete uns in der Sprache unseres damals sogenannten Gastlandes. An höhere Bildung war nicht zu denken. Ein Uni-Abschluss grenzte an ein Wunder. Das war vor 30 Jahren. Heute ist die Situation min-destens genauso schlecht, wie zahlreiche Studien zeigen.

So die kurze Geschichte von meiner Ankunft im fernen Deutschland, meinem neuen Land, meiner zweiten Heimat. Seither sind einige Jahre vergangen, der gesellschaftliche Diskurs in Fragen der Migration und In-tegration ist heutzutage ein anderer, das Klima viel rauer.

Die Trennung in „Inländer" und „Ausländer" ist institutionalisiert in unseren Gesetzen, sie prägt die Gesellschaft und ihre Einrichtungen. Schu-len bilden keine Ausnahme – so auch einer der alarmierenden Befunde der PISA-Studie, der den engen Zusammenhang zwischen den Bildungschan-cen und der Herkunft der Jugendlichen eindrücklich belegt. Jugendliche aus sozial schwachen Verhältnissen schneiden am schlechtesten ab und haben es in der Schule offenbar am schwersten. Insbesondere trifft dies auf Jugendliche mit Migrationshintergrund zu. Unser Schulwesen wird weder dem demokratischen Anspruch auf Chancengleichheit noch den Anforde-rungen des Ausbildungs- und Arbeitsmarktes gerecht.

Es sind aber nicht nur die Schulen, die den Anforderungen einer multikulturellen Einwanderungsgesellschaft nicht in ausreichendem Maße gerecht werden. Angeblich überfordert uns das Nebeneinander von Menschen verschiedener Herkunft. Die sprachliche, wirtschaftliche, soziale und politische Integration der Migrantinnen und Migranten sei im Großen und Ganzen gescheitert, Demokratie, die Gleichberechtigung der Frau, deutsche Leitkultur und abendländische Werte seien diesen Leuten – damit sind wir, die Neudeutschen gemeint – mehrheitlich nicht beizubringen. Das politisch korrekte Gutmenschengerede von „Multikulti" sei endlich einzustellen zugunsten einer realistischen Betrachtungsweise.

Gegen eine realistische Betrachtungsweise ist absolut nichts einzuwenden. Eine Gesellschaft der Verschiedenheit ist kein Straßenfest und wer zum Beispiel atavistische Wertvorstellungen in Verbindung mit hasserfülltem politischem Extremismus unter dem Deckmantel der Religionsfreiheit propagiert, gehört mit Nachdruck eines Besseren belehrt und darf mit der Härte des Gesetzes rechnen. Das gilt auch für den Jugendlichen, dessen Großeltern vielleicht aus dem Anatolischen immigriert sind. Integration ist eben ein wechselseitiger Prozess und kein fortwährendes Straßenfest. Niemand bestreitet, dass es in dieser und in anderen Hinsichten noch sehr viel zu tun gibt.

Stellt man jedoch in Rechnung, dass unser Land und seine Politiker die über fünfzigjährige, faktische Einwanderung erst seit ganz kurzer Zeit nicht mehr leugnen, sieht die gegenwärtige Bilanz so schlecht nicht aus. Bilanz ist buchstäblich zu verstehen, Deutschland wäre im wörtlichen Sinne arm dran ohne die Wirtschaftsleistung all der Immigrantinnen und Immigranten bzw. ihrer Kinder und Enkelkinder. Erst als „Gastarbeiter" in der Industrie und später dann auch als Gewerbetreibende und Unternehmer in allen möglichen Branchen trugen sie zum deutschen Wohlstand bei.

Immigration bedeutet aber auch vielfältige kulturelle Impulse. Das sind scheinbar so simple Dinge wie Folklore, musikalische Einflüsse und fremdländische Küchen. Wie arm wäre Deutschland kulinarisch gesehen ohne Baguette, Pasta oder Döner Kebab. Kulturelle Impulse bedeuten zugleich auch die Auseinandersetzung mit der eigenen Herkunft und der deutschen Mehrheitsgesellschaft. Nachkommen der sog. Gastarbeiter, wie der Filmemacher Fatih Akin, der Schriftsteller und Wortakrobat Feridun Zaimoğlu oder der Fußballvirtuose Mesut Özil und viele andere tun dies auf ihre, jeweils ganz spezifische Weise. Ihr Blick ist notwendig ein anderer, als wenn ihre Familien schon seit Jahrhunderten hier ansässig wären.

Nichtsdestoweniger sind sie deutsch. Sie gehören zur heimischen Kultur, sind Teil der Gesellschaft und bereichern diese auf verschiedenste Weise. In Deutschland tut man sich allerdings schwer mit dem Crossover, verweigert das Prädikat Kunst oder Literatur und sucht passende Ethnoschubladen, wie Gastarbeiterliteratur. Das Leben im Uneindeutigen, im Ambivalenten, die kreative Kraft, die daraus erwachsen kann, das Arsenal von Kommunikationsangeboten findet leider noch wenig Gehör. Dennoch, allen Unkenrufen zum Trotz, repräsentieren die Nachkommen der Gastarbeiter die neue Generation. Eine Generation von jungen Menschen mit hybriden Identitäten, die sich nicht auf Ihre Herkunft reduzieren lässt, sich nicht als Sündenbock abstempeln lässt oder ein Dasein als „Onkel Tom" fristet. Diese jungen Menschen sind Repräsentanten der neuen deutschen Literatur und des neuen deutschen Films, aber auch des Sports, der Politik und aller gesellschaftlicher Bereiche. Mit großem Selbstbewusstsein sprechen sie vom Leben und von den Ambivalenzen, gehen von Zwischenräumen aus, in denen kulturelle Differenz produziert und Identität immer neu verhandelt und definiert wird. So entstehen neue *role models,* die es ermöglichen, Gemeinsames und Trennendes, Integratives und Dissidentes in der Schwebe haltend miteinander zu verbinden und zu leben.

Diese neue Generation hat Zukunft und das trotz der unaufhörlichen Rufe der Konservativen in dieser Republik, die all zu gerne das Scheitern dieser Generation propagieren und sich eben dieses herbeiwünschen, insbesondere zu Wahlkampfzeiten. Und deshalb ist es längst an der Zeit, herauszukommen aus den sterilen Alternativen von Assimilation oder Parallelgesellschaft, Leitkultur oder Multikulturalismus. Der Ethnologe und Sozialanthropologe Professor Werner Schiffauer sieht ein Grundproblem der deutschen Integrationspolitik in der „paternalistischen Haltung", die es den Umsorgten schwer mache, zu politischen Subjekten zu werden. Man wird darüber nachdenken müssen, was „Integration" überhaupt noch heißen kann – und ob das Konzept nicht die Probleme miterzeugt, die es zu bekämpfen vorgibt.

Sicherlich sind die Probleme hierzulande groß und genug, da gibt es nichts zu beschönigen. Aber gerade ein Stadtteil wie Kreuzberg – mein Kreuzberg, Klein-Istanbul wie es von manchen genannt wird – mit seiner einzigartigen Mischung so vieler Sprachen, Kulturen und Lebensformen zeigt, dass dieses Land eigentlich eine enorme Fähigkeit zur Integration besitzt, ganz im Gegensatz zu dem Gerede von den äußerst engen Grenzen, die dieser Integrationskraft angeblich gesetzt sind. Man muss das nur endlich begreifen, es anerkennen wollen, und befördern. Genau hier liegt aber des Problems Kern.

Seit geraumer Zeit ist nämlich das Thema Religion in den Mittelpunkt gerückt und der „Islam" prägt die Debatte in ganz Europa, insbesondere in Deutschland. Spätestens seit dem 11. September 2001 befindet sich der Islam in der Schusslinie. Und zwar deswegen, weil sich durch dieses nach wie vor unfassliche Ereignis die westlichen Gesellschaften ihrerseits in der Schusslinie des Islams fühlen. Jeder Terroranschlag, der seitdem von Islamisten irgendwo auf der Welt verübt wurde, hat die Konturen dieses Feindbildes noch mehr geschärft.

Deshalb muss immer wieder an den Gemeinplatz erinnert werden, dass der sogenannte „islamistische Terror" und der Islam keineswegs identisch sind. Die wenigsten in Europa lebenden Moslems vertreten einen anti-liberalen, anti-westlichen Islam. Die überwältigende Mehrheit erkennt die Verfassung an und ist längst in Europa angekommen. Religiöser Fanatismus ist ihnen genauso fremd, wie z.B. den allermeisten Katholiken hierzulande. Abgesehen davon, lebt der Großteil der Muslime ohnehin einfach nur unprätentiös seine angestammte Religion, wie das auch Protestanten, Katholiken und Anhängerinnen und Anhänger sonstiger Religionen tagtäglich tun. Und daran ist nichts auszusetzen!

Der Dialog und die Auseinandersetzung mit dem Islam in Europa sind keine Terrorprävention, aber dennoch bitter notwendig. Diese Auseinandersetzung als verhärteten Kulturkampf zu führen, wäre genauso fatal wie ein von falsch verstandener Toleranz weichgespülter Scheindialog, der allen echten Konfliktfeldern zwischen westlicher Moderne und traditionell-religiösen Vorstellungen aus dem Wege geht. Ein Islam jedoch, der sich u.a. eben auch im Zuge eines solchen Dialoges einen eigenständigen Platz in der europäischen Kultur erarbeitet, wäre für fanatische Gestörte ein ungeeignetes Rekrutierungsfeld. Insofern könnte ein intelligenter Dialog mittelfristig durchaus einen wichtigen Beitrag zur Terrorprävention leisten. Der wechselseitige Respekt und die Anerkennung der Andersartigkeit ist dabei ein wichtiger Beitrag. Daher war die Einberufung der Islamkonferenz richtig und wichtig. Jetzt müssen konkrete Taten folgen. Dazu zählt die Anerkennung von Moscheen im Stadtbild samt Minarett genauso wie die interreligiöse Unterweisung in den Schulen.

Die Notwendigkeit des Dialogs mit den in Europa lebenden Muslimen liegt auf der Hand, besonders wenn ein friedliches Miteinander in der Gesellschaft angestrebt wird und Integration gewollt ist. Allerdings sind bei der Mehrheitsgesellschaft Tendenzen zu beobachten, die derart von Naivität geprägt sind, dass der interreligiöse Dialog zu einer Farce und damit zu einer Gefahr zu werden droht.

Was meiner Meinung nach jedoch kein Beitrag für ein friedvolles Miteinander ist, sind undifferenzierte Schuldzuweisungen von selbsternannten Expertinnen und Experten und ist die aus bestimmten politischen Richtungen immer wieder zu hörende Forderung nach schärferen Sicherheitsgesetzen. Die bestehenden Instrumente und Gesetze reichen völlig aus. Einschränkungen persönlicher Freiheiten und von Bürgerrechten stellen eine falsche Antwort dar. Sie führen zur Stigmatisierung und machen den Dialog unmöglich. Damit wird genau denen in die Hände gespielt, die jungen Muslimen eintrichtern wollen, dass der „Westen" sie nur unterjochen will.

Seit der Zeit, in der meine Eltern nach Deutschland gekommen sind, haben sich die Bedingungen gründlich gewandelt, aber die Grundtatsache, dass wirtschaftliche Vorgänge über Länder und Kontinente hinweg die Schicksale von Menschen bestimmen, bleibt gleich. Damals wie heute stellt die alltägliche und unwiderrufliche Begegnung von Menschen aus ganz unterschiedlichen Ländern und Kulturen und ihre wechselseitige Veränderung einen Teil unserer Gesellschaft dar. Was letztlich daraus erwachsen wird, vermag niemand vorher zu sagen, es ist jedoch ungeheuer wichtig, die Potentiale an kultureller und gesellschaftlicher Bereicherung, die dieser Situation innewohnen, immer wieder neu zu entdecken, zu würdigen und zu entwickeln.

Die Debatte um eine, nicht einmal durch die Urheber näher definierbare deutsche Leitkultur, wie sie vor einigen Jahren in Deutschland von rechtskonservativen Politikern entfacht wurde, ist in diesem Zusammenhang bezeichnend und mehr als schädlich. Tendenzen dieser Art sind in jüngster Zeit auch in Frankreich zu beobachten, wie auch die dortige Kopftuchdebatte zeigt. Nicht minder wichtig ist es daher, den möglichen oder tatsächlichen Konfliktstoff zu erkennen, der bereitliegt, wenn Menschen aus sehr verschiedenen Wertesystemen in ein und demselben Gemeinwesen leben. Kaum jemand gibt sich heute noch der Vorstellung hin, multi- oder interkulturelle Gesellschaft sei so etwas wie ein immerwährendes, buntes Miteinander.

An solche Sachverhalte knüpfen jedoch bestimmte Kreise irrationale und engstirnige Betrachtungen über nationale Identität oder Leitkultur und ergehen sich in allen möglichen eingebildeten Bedrohungsszenarien.

Bekanntlich dienen diese Szenarien oft genug als Kulisse und Rechtfertigung für komplizierte Neid- und Hasskomplexe, manchmal mit Todesfolge für andere. Rassistische Gewaltbereitschaft bis zum Mord kann man nicht hinreichend mit Arbeitslosigkeit oder einem Mangel an Perspektiven erklären, auch nicht wenn Arbeits- und Perspektivlosigkeit, Verlust an sozialer Sicherheit, eine sich immer weiter öffnende Einkommensschere und politische Hoffnungslosigkeit den Boden für völkisch-nationalistischen und rassistischen Wahn bereiten.

So bedient der Sozialdemokrat Thilo Sarrazin, als ehemaliges Vorstandsmitglied der Deutschen Bundesbank, mit seinen Äußerungen zur Genetik und dem Nutzwert von bestimmen Ethnien für Deutschland – osteuropäische Juden hätten genetisch bedingt ein höheren Intelligenzquotienten als Türken oder Araber und seien daher mehr von Nutzen als der türkische Obsthändler – niedere Instinkte und betritt rassistisches Terrain. Derselbe Sarrazin war acht Jahre lang Berliner Finanzsenator und verantwortlich für viele Streichungen und Kürzungen, vor allem im Jugend- und Bildungsbereich sowie der Integration. Er ignoriert bewusst, dass die Integration in unserem Land millionenfach schon gelungen ist. Sarrazin hat die Büchse der Pandora geöffnet. Jeden Tag kommen immer mehr selbsternannte Integrationsexperten dazu und stellen täglich neue absurde Forderungen oder Behauptungen auf. Jeden Tag wird eine neue Integrationssau durchs Dorf gejagt. Dabei brauchen wir eine Versachlichung der Debatte, sonst brennen in unserem Land wieder Häuser. Hoyerswerda, Rostock, Mölln und Solingen dürfen nicht vergessen werden. Wir müssen zu einer sachlichen Diskussion übergehen, statt eine von Schuldzuweisungen geprägte und undifferenzierte Debatte um Integration zu führen. Selbsverständlich müssen Probleme bennant werden bzw. muss über diese diskutiert werden, wenn wir Lösungen finden wollen. Aber ein Populismus à la Sarrazin ist im höchsten Maße gefährlich, wie viele Internetforen und Leserkommentare in Zeitungen zeigen.

Politik ist die Summe aller öffentlichen Angelegenheiten und ihre bewusste Steuerung oder zumindest Beeinflussung. Das bedeutet, man benötigt – auf der Basis möglichst genauen Wissens über die gesellschaftlichen Ist-Zustände – klare Vorstellungen davon, in welche Richtungen sich die öffentlichen Angelegenheiten überhaupt entwickeln sollen und in welche nicht. Die Auseinandersetzung über diese unterschiedlichen Vorstellungen machen den politischen Meinungsstreit aus. Politik insgesamt tendiert heute zunehmend dahin, sich als professionelles, aber der Ent-

wicklung hinterhereilendes Krisenmanagement zu begreifen und weniger
als bewusste Auseinandersetzung über klare politische Zielvorstellungen
und ihre Umsetzung. Eine derartige Ideologie führt letztlich dazu, den jeweiligen gesellschaftlichen Ist-Zustand als mehr oder weniger unumstöß-
lich anzusehen und Sündenböcke zu suchen, anstatt nach echtem sozialen
Fortschritt zu streben beziehungsweise sich damit auseinander zu setzen,
was sozialer Fortschritt sein kann. Es handelt sich dabei um einen schlei-
chenden, aber mittlerweile schon weit fortgeschrittenen Prozess, der in der
Pose von Rationalität und Realitätstüchtigkeit daherkommt, in Wahrheit
aber eine Kultur der Hoffnungslosigkeit zum politischen Prinzip erhebt.
Solch ein Hintergrund und solche Begrifflichkeiten sind dem Wachsen rassistischer und anderer destruktiver Tendenzen sehr förderlich.

Zum Glück existieren aber auch gegenläufige Tendenzen. Nach wie vor
gibt es Basisinitiativen und Aktionsgruppen in ganz Europa, die sich in
vielfältiger Weise um das Gemeinwesen bemühen und durch derartige
Täuschungsmanöver von Parteien, welcher Couleur auch immer, nicht be-
einflussen lassen. Das macht Mut und erinnert mich an ein Zitat:

„In einer erstklassigen Demokratie darf es keine Menschen Zweiter
Klasse geben."
Martin Luther King

„Gäste können nicht mitspielen" – Mandatsträger mit Migrationshintergrund kommen zu Wort

Devrimsel Deniz Nergiz

Der folgende Text fasst die Forschungsergebnisse eines laufenden Dissertationsprojekts mit dem Arbeitstitel „Cultural Diversity in German Political Parties: Patterns of Legislative Recruitment and Career of Politicians with Migration Background" zusammen, das an der Bielefeld Graduate School in History and Sociology im Rahmen einer Promotion im Fach Soziologie durchgeführt wird.

Einleitung

In der sozialwissenschaftlichen Forschung wurden die Kriterien und Implikationen der Einbürgerung für Drittstaatler bisher überwiegend aus einer staatszentrierten Perspektive heraus thematisiert. Jedoch sind die Wege, wie Neu-Bürgerinnen und -Bürger ihre im Zuge der Staatsangehörigkeit erworbenen Rechte wahrnehmen und ausüben, gering untersucht. Staatsbürgerschaft ist mehr als eine passive Zugehörigkeit zu einem Nationalstaat, auch mehr als eine Ansammlung von Rechten und Pflichten. Sie ist ein Prozess, in dem sich Individuen an der Transformation der politischen Landschaft betätigen sowie Agenten der Umwandlung werden.

Ein passender Fall findet sich in der Untersuchung von Politikerinnen und Politikern mit Migrationshintergrund. Diese setzen in ihrer Zugehörigkeit zur deutschen Gesellschaft ihre aktiven Rechte ein. Dieser Beitrag dient dem Zweck, diese Transformation von Staatsbürgerschaftsrecht aus der Perspektive der genannten Akteure zusammen mit ihrer subjektiven Wahrnehmung ihrer politischen Tätigkeit darzustellen. Insbesondere der empirische Teil verdeutlicht, dass dieser individuelle Prozess gerade bei der Untersuchungsgruppe (der Politikerinnen und Politiker mit Migrationshintergrund) weitaus vielfältiger als eine simple Angehörigkeit ist.

Vor allem wird klar, wie die politische Aktivität durch ‚angenommene‘[1] Fremdwahrnehmungen in der Gesellschaft auch beeinträchtigt wird.

Empirische Studien zur Staatsbürgerschaft sind mittlerweile ein stark wachsendes Feld sowohl in der Politikwissenschaft als auch in der Soziologie, hier insbesondere in der Migrationsforschung. Jedoch leidet diese Ansammlung an geringem Interesse für mikrosoziologische Forschungsgegenstände, zumeist fokussieren Studien entweder auf strukturelle Umwandlungen oder Ländervergleiche von staatsbürgerschaftlichen Regimen. Es gibt selbstverständlich sehr ausgeprägte Studien über die Transformation von Staatsbürgerschaftsrecht in Aufnahmestaaten und neue Formen von Angehörigkeit in einer postnationalen Welt[2]. Doch wie diese Veränderungen von Akteuren wahrgenommen werden oder welche Erfahrungen in der Umsetzung dieser Umwandlungen in den Regimes gemacht werden, wird zwar nicht völlig übersehen oder ausgeblendet, wohl aber vernachlässigt. Dasselbe gilt auch für Studien über politische Partizipation, welche sich mit den verschiedenen Arten oder Konsequenzen, d.h. der Mitwirkung und/oder den Hindernissen der Integration von Immigrantinnen und Immigranten beschäftigen, aber nicht damit, wie diese Änderungen von Immigranten aufgenommen werden. Der demographische Wandel in der deutschen Gesellschaft wird natürlich auch in der Sozialforschung reflektiert und inzwischen gibt es mehrere Studien über das Wahlverhalten von Immigranten[3], die eine neue Klientel für die Parteien darstellen. Schließlich sind in den meisten der genannten Arbeiten Immigranten oder Neu-Bürgerinnen und Neu-Bürger als passive Akteure der Prozesse dar-

---

[1] Hier wird nicht behauptet, dass die Aussagen eins zu eins die Realitäten der deutschen Gesellschaft darstellen, sondern die in der empirischen Datenerhebung erfassten Aussagen der Akteure.

[2] Cinar, D.; From Aliens to Citizens: A Comparative Analysis of Rules of Transition, in: From Aliens to Citizens: Redefining the Status of Immigrants in Europe, Avebury, 1994, S. 49–72. Aleinikoff, T. A.; Between Principles and Politics: U.S. Citizenship Policy, in: From Migrants to Citizens: Membership in a Changing World, Washington D. C., 2000, S. 119–172. Joppke, C.; Immigration and the Nation-State: The United States, Germany and Great Britain, Oxford, 1999. Soysal, Y.; Limits of Citizenship, Chicago, 1994.

[3] Siehe zum Beispiel Wüst Andreas M., Das Wahlverhalten eingebürgerter Personen in Deutschland, Aus Politik und Zeitgeschichte, Nr. 52, S. 29–38; Wüst, Andreas M., Eingebürgerte als Wähler. Erkenntnisse aus der Bundesrepublik Deutschland, Wiener Hefte zu Migration und Integration in Theorie und Praxis, Issue 1, S. 113–126; Wüst, Andreas M., Wahlverhalten und politische Repräsentation von Migranten, Der Bürger im Staat, 56. Jahrgang, Heft 4, S. 228–234.

gestellt. Welche Erfahrungen eingebürgerte Immigranten bei ihrer aktiven Teilnahme machen, ist noch nicht abschließend erforscht.

Im Folgenden wird der originäre Charakter von Wahlpolitik in den Blickpunkt gerückt, um hervorheben zu können, wie sich die formale politische Partizipation, also die passive und insbesondere aktive Wahlteilnahme, von anderen Formen unterscheidet. Der erste Teil bildet dann eine Grundlage für den empirischen Teil der Untersuchung, der sich an die reiche Ressource der Ergebnisse von Befragungen von Politikerinnen und Politikern anlehnt. Nachdem ein kurzer Überblick über den Zugang zu den Forschungsdaten gegeben wird, fokussiert sich der dritte Teil insbesondere auf die Motivationsansätze für formale Politik, Erklärungsansätze für die Übernahme von Parteisprecherfunktionen und wahrgenommene Differenzen in der Wahrnehmung der nicht-deutschen Herkunft in der politischen Landschaft Deutschlands.

Politische Partizipation und „Neu-Bürger"

Politische Teilnahme stellt die aktive Dimension der Staatsbürgerschaft dar, durch die kollektive Angelegenheiten eines Gemeinwesens und die dafür zuständigen Gesetzgeber gewählt werden. In der Literatur wird zwischen einer formalen und einer informalen Art der politischen Teilnahme differenziert. Während die letztere Proteste, Demonstrationen, Bürgerinitiativen, NGO-Aktivitäten, Boykotts oder Lobbyarbeit beinhaltet, wird unter der formalen politischen Partizipation an Wahlen, das aktive und passive Wahlrecht verstanden. Ein entscheidender Faktor in Bezug auf Deutschland ist hier insbesondere, dass die erste Art der Teilnahme die Staatsangehörigkeit voraussetzt. Durch diese Voraussetzung kann man unterstellen, dass die Teilhabe an formalen politischen Prozessen die Aussage darstellt, ein Teil der Gesellschaft zu sein. Andererseits prävaliert formale Politik gegenüber anderen Arten der Partizipation dadurch, dass Entscheidungen, die im Rahmen formaler Politik getroffen werden, in der Regel von allen Bürgern befolgt werden müssen. Zudem sind auch informale politische Aktivitäten nur erfolgreich in ihren Resultaten, wenn sie eine weite Anzahl von Beteiligten einschließen können. Dafür wird ein gemeinschaftlicher Nenner bzw. eine Organisation benötigt, um möglichst große öffentliche Aufmerksamkeit zu gewinnen. Demgegenüber findet formale Politik in vorgegebenen Grenzen einer politischen Organisationsstruktur statt, z.B.

in politischen Parteien, und erlaubt auf individueller Ebene teilzuhaben, was selbstverständlich auch durch zivilgesellschaftliches Engagement möglich ist, wobei es hier schwerer ist, die Ziele zu erreichen. Interessanter für die Zwecke dieses Beitrages ist, zu welchen Resultaten die aktive Teilnahme, die mit einem Mandat in einem Parlament für eine politische Partei verbunden ist, führt.

Was ansatzweise schon versucht wurde deutlich zu machen, ist, dass die politische Repräsentation von Bürgern mit Migrationshintergrund eine Lücke im westeuropäischen Forschungsraum darstellt. Dies steht im Gegensatz zu traditionellen Immigrationsländern wie die USA und Großbritannien, wo eine Fülle solcher Studien vorhanden ist. In diesen Studien werden verschiedene Aspekte wie zum Beispiel die Rolle von Politikern, die bestimmten Ethnien angehören, Rekrutierungsmuster und Karrierewege aufgegriffen. Dies kann mit den etablierten Strukturen der Minoritätsbeziehungen erklärt werden. In letzter Zeit, beeinflusst durch den demographischen Wandel, ist die Forschung über das Wahlverhalten von Immigranten oder Neubürgern ein blühendes Feld. Rekrutierungswege und Diskriminierung in der Auswahl von Kandidaten für die Wahlen in innerparteilichen Prozessen bleiben wegen der unzugänglichen internen Abläufe in Parteien zunächst zumindest für alle außerhalb der Politik stehenden, somit auch für Forschende, unbekannt. Parlamentarische Teilnahme von Bürgerinnen und Bürgern mit Migrationshintergrund ist neuerdings nicht nur für Sozialwissenschaftler ein interessantes Thema, sondern auch für politische Parteien. Es ist kein Geheimnis, dass Parteien in näherem Kontakt mit Migrantenselbstorganisationen sind und die Beteiligung von Bürgerinnen und Bürgern mit Migrationshintergrund öffentlich befürworten[4].

Eine Beteiligung an Wahlen als Kandidat, geht für Bürgerinnen und Bürger mit Migrationshintergrund vor allen Dingen weiter als die Tatsache, die bürgerlichen Rechte aufzunehmen, allein aufgrund des symbolischen Wertes, eine Gesellschaft, aber auch eine Zugehörigkeit zur nationalen Identität zu repräsentieren. Um mit Miller[5] zu argumentieren, ist eines der Erkennungsmerkmale der nationalen Identität die aktive Identität, welche

---

[4] Siehe zum Beispiel die türkischsprachige Webseite der CDU http://www.hosgeldiniz. cdu.de (zuletzt abgerufen am 08. 05. 2011), die türkeistämmige Bürger in die Partei einlädt. (*Hoşgeldiniz* bedeutet „Herzlich Willkommen" auf Türkisch.)
[5] Miller, D.; On Nationality. Oxford, Oxford University Press.

durch Teilnahme an politischen Prozessen eines Landes dargestellt wird. Denn laut Miller bleiben ethnische Identitäten so lange passiv, bis sich die Angehörigen in Sicherheit fühlen, wobei Verbundenheit mit einer Nation bzw. einer nationalen Identität durch kollektive Handlung, z. B. Entscheidungsfindung und Umsetzung jener, reflektiert wird. Demnach stellt die aktive Wahlbeteiligung das expliziteste Beispiel dafür dar, sich für die Gegenwart und die Zukunft eines Landes einzusetzen.

Es sollte deutlich geworden sein, wieso gerade politische Partizipation in Form von Mandatsbekleidung eine besondere und vielfältige Bedeutung hat. Zum einen stellt dies Aktivierung der Bürgerrechte dar, zum anderen auch eine symbolische Darlegung der Zu(sammen)gehörigkeit zur und mit der deutschen Gesellschaft. Demnach ist es keine Überraschung, wenn Befragte ihre Verbundenheit mit der deutschen Identität freimütig und interessiert artikulieren[6]. Demzufolge kann gesagt werden, dass ein politisches Mandat für das deutsche Volk eine Art von Legitimationsmittel in der Sprache der Politikerinnen und Politiker wird. Unter Legitimationsmittel sollte natürlich nicht eine Manipulation oder Zweifel über die Wahrhaftigkeit der Aussagen der hier Befragten verstanden werden. Wie im Folgenden versucht wird zu erklären, geht es viel mehr darum, wie die befragten Politiker mit Migrationshintergrund sich und ihre Tätigkeit sehen und gesehen werden wollen. Wir haben es hier also mit Beispielen eines Phänomens/Umstandes zu tun, also mit sehr spezifischen Biographien einer sehr speziellen Bevölkerungsgruppe. Dies hat auf der anderen Seite aber auch enorme Vorteile: wir können so den individuellen Darstellungen, Konstruktionen, Empfindungen und Interessen einer dezidierten Bevölkerungsgruppe auf den Grund gehen und dadurch einen detaillierten Einblick in die Entwicklung der gesellschaftlichen Situation erhalten.

Dem folgend wird erst ein Überblick zur Ausführung der Interviews gegeben und anschließend werden die Untersuchungsergebnisse hinsichtlich dreier Themenblöcke analysiert: die Motivationsansätze für formale Politik, Erklärungsansätze für die Übernahme von Parteisprecherfunktio-

---

[6] Interview-Materialien sind ein Teil des Promotionsprojekts, welches gegenwärtig noch läuft. Die Analysen sind zur Zeit provisorisch und mit Vorsicht zu genießen. Zudem ist die Befragungsgruppe sehr speziell, d.h. die Ergebnisse sind nicht unbedingt typisch für die Probleme oder die Situation der Gesamtheit der Politiker mit Migrationshintergrund und insofern für die Migrationsforschung auch ‚nur' unter dem Blickwinkel einer durch die befragten Betroffenen erfolgten Reflexion einer spezifischen gesellschaftlichen Situation von Interesse.

nen und die wahrgenommenen Differenzen der nicht-deutschen Herkunft in der politischen Landschaft Deutschlands.

Einblick ins Feld

Trotz der Tatsache, dass Bürger nicht-deutscher Herkunft mittlerweile auf diversen Ebenen der Gesellschaft vertreten sind, ist die Politik, insbesondere repräsentative Entitäten, davon ausgeschlossen. Die Anzahl der Politikerinnen und Politiker mit Migrationshintergrund hat bis heute nie den Anteil der Bürgerinnen und Bürger nicht-deutscher Herkunft in der Gesellschaft repräsentiert. Das verfügbare Zahlenmaterial hat bisher einen so geringen Umfang, dass ein Vergleich kaum möglich ist. Im Rückblick ist die Historie der Politiker mit Migrationshintergrund auch relativ neu, im Jahr 1989 wurde die türkeistämmige Leyla Onur von der SPD in das Europäische Parlament gewählt; und 1994 waren Leyla Onur und Cem Özdemir (Bündnis 90/Die Grünen) die ersten türkeistämmigen Mitglieder des Deutschen Bundestages[7] (MdB), bis Ekin Deligöz (Bündnis 90/Die Grünen) in der nächsten Wahlperiode ebenfalls ins Parlament gewählt wurde. Momentan, in der 17. Wahlperiode, gibt es 20 MdBs mit nicht-deutscher Herkunft, fünf davon sind türkeistämmig. Dem von der Körber-Stiftung initiierten und parteiübergreifenden Netzwerk türkeistämmiger Mandatsträgerinnen und Mandatsträger gehören laut den Angaben der Stiftung 80 Abgeordnete aus deutschen Kommunalparlamenten, Landtagen und dem Bundestag an.[8]

Hier, sowie im größeren Projekt, auf dem dieser Beitrag basiert, wurden halbstrukturierte Interviews mit ausgewählten türkeistämmigen Politikerinnen und Politikern, auf verschiedenen politischen Ebenen und mit un-

---

[7] Die Autorin sieht sich gezwungen, hier auf einen Fehler aufmerksam zumachen, und zwar wird Cem Özdemir in der Literatur als erster MdB mit Türkei-Abstammung benannt und Leyla Onur wird übersehen.

[8] Von Seiten der Stiftung existiert momentan keine aktuellere Angabe der Mitgliederzahl außer der oben genannten aus dem Jahr 2007, auf die auch von Mely Kiyak (10 für Deutschland – Gespräche mit fremdstämmigen Abgeordnet, München 2007) Bezug genommen wurde. Da es keine exakte Datenbasis gibt, mit Hilfe derer man eine genauere Zahl erheben könnte, geht auch die in Rede stehende Studie von dieser Anzahl aus, als die Interviewanfragen versendet wurden. Eine weitere Schwierigkeit bei diesem Thema liegt darin, dass der Begriff Migrationshintergrund ziemlich vage gefasst ist und dadurch viele Politiker, die zum Beispiel von Aussiedlern abstammen, in vielen Quellen nicht angegeben werden.

terschiedlichen Parteienmitgliedschaften, geführt[9]. Die Befragten wurden in einem ersten Schritt durch ihre Namen ausgewählt und anschließend wurden die Annahmen bezüglich der Herkunft mit biographischen Fakten auf institutionellen oder privaten Webseiten geprüft. Nahezu alle gehören der zweiten Generation nach Deutschland eingewanderter Familien an, die sich auf Antrag einbürgern ließen. Hier wurde nur ein Teil der erhobenen Daten im Rahmen des Beitrages genutzt und unter übergreifende Themenblöcke klassifiziert.

In Bezug auf ihre Einbürgerung wurde der Frage nachgegangen, aus welchem Grund die Entscheidung, deutscher Staatsbürger zu werden, von den Migrantenpolitikern jeweils getroffen wurde, warum sie sich parteipolitisch engagieren und wie sie ihre Rolle in der Politik im Hinblick auf ihre Herkunft perzipieren. Diese Fragen wurden unter anderem festgelegt, um die Transformation der Staatsangehörigkeit in Deutschland zum Ausdruck zu bringen; zusätzlich – im Spiegel öffentlicher Etikettierungen mit einer Herkunft, die hauptsächlich durch Medien verbreitet wird, wie zum Beispiel „türkischstämmiger Politiker der X-Partei" – waren die unterschiedlichen, in den Interviews der Befragten genannten Handlungsweisen sehr erhellend. In diesem Sinne ist dieser Beitrag ein Versuch, Selbstpositionierungen der Politikerinnen und Politiker zu rekonstruieren, die im Zusammenspiel mit öffentlichen Diskursen und Dynamiken der politischen Machtspiele gestaltet werden. Abgesehen davon, wie sie bestimmte Kategorien, die ihnen zugeschrieben werden, evaluieren, kommen bestimmte Deutungsmuster in den Aussagen häufig vor[10].

„Gäste können nicht mitspielen"

Als in der zweiten Hälfte der 1950er Jahre Deutschland Arbeitskräfte aus Spanien, Portugal, Griechenland und der Türkei anwarb, war die Idee, dass diese Arbeiter einen bestimmten Zeitraum ihres Lebens im Lande ver-

---

[9] Aus zweierlei Gründen wurde nur die Hälfte der insgesamt geführten Interviews hier unter die Lupe genommen. Zum einen waren einige Interviews noch in Bearbeitung und zum anderen wurde dadurch versucht, die Authentizität des größeren Projektes zu bewahren. Bei der Auswahl wurden jedoch Interviews ausgewählt, die möglichst große inhaltliche Unterschiede aufweisen, damit die Analyse möglichst viele Perspektiven beinhaltet.
[10] Wegen der geringen Anzahl der behandelten Interviews und wegen noch laufender Feinanalysen sollten alle Resultate mit der gebotenen Vorsicht behandelt werden.

bringen und, sobald sich die ökonomische Lage Deutschlands verbessert, wieder in ihren Alltag im Herkunftsland zurückkehren. Demnach war die Anwerbeperiode eine prekäre Phase und die Akteure nur Gäste. Der Begriff „Gastarbeiter", der für die Bezeichnung von Arbeitsmigranten in der deutschen Sprache verwendet wird, deutet explizit darauf hin, dass sie Deutschland nicht als ihr „Zuhause" ansehen sollten. Dementsprechend machte man sich keinerlei Gedanken, weder über die Lebensverhältnisse der Arbeiter, noch über die Gesellschaft, noch darüber, die gesellschaftlichen Verhältnisse an die neuen Mitbürger anzupassen. Paradoxerweise sind sowohl die „Gastarbeiter" als auch der Begriff bis heute geblieben.

Trotz diverser Benennungen in der deutschen Sprache, die diese ausländischen Arbeiter und deren Nachkommen beschreiben, wie „ausländische Mitbürger", „Ausländer", „Menschen mit Migrationshintergrund/-geschichte" usw., kamen Andeutungen auf das „Gastsein" häufig in den Erzählungen der Befragten vor. Insbesondere fiel dies auf, wenn Fragen über die eigenen Motive der politischen Teilnahme häufig im Zusammenhang mit einem an ausländische Mitbürger gerichteten Aufruf für mehr politisches Interesse und mehr politische Teilnahme beantwortet wurden, wie zum Beispiel der Befragte in Interview 4: „[…] man muss für das Land etwas opfern, wo man leben möchte; deshalb auch das Land, wo man lebt, über die Herkunftsland sehen lernen. Migranten sollen sich nicht erlauben als die ‚Schwachen' gesehen zu werden. Sie müssen eingestehen, dass sie hier mehr Vorteile haben als Nachteile wenn sie mitmachen; wenn man irgendwo ‚Gast' ist, dann fasst man nichts an und schaut sich auch nicht viel um, nur wenn man sich zu Hause fühlt und dazugehörig, fühlt schaut man sich um, mischt sich ein und fasst auch mal die Sachen an. […] ohne deutschen Pass ist man immer noch Gast hier und wartet, vom anderen bedient zu werden, aber man muss für die Veränderung offen sein und nicht nur einmischen, sondern auch mitspielen.'

Durch die binären Gegensätze als „Gast" und „Gastgeber" wird einerseits die dauerhafte Wahrnehmung von Ausländern als temporärer Teil der Gesellschaft angedeutet und andererseits die Feststellung gemacht, dass die Immigrantinnen und Immigranten einen natürlichen Teil des Sozialgefüges darstellen. Auf der anderen Seite aber wird auf die Verinnerlichung von Gastsein der Immigranten hingedeutet und das gleichermaßen kritisiert; hiermit distanziert sich der Befragte auch von Immigranten, die kein Interesse für Politik zeigen, indem er sich als „Gastgeber", also als Teil der Gesellschaft präsentiert. Hieraus erklärt sich auch die Teilnahme an der Gestaltung der politischen Verhältnisse. In einem anderen Interview (Interview 5) wird die Gast-Gastgeber-Unterscheidung durch „Enklaven und Mikrokosmen" ersetzt, das erstere betrifft die Immigranten und das zweite die Aufnahmegesellschaft, welche zusammen das „wir" und „die anderen" im Diskurs herstellen. Die politische Teilhabe von Bürgern mit Migrationshintergrund soll weiterhin gefördert werden, damit diese Grenzen in der Gesellschaft sich auflösen.

Parallel zu den beiden Argumentationen erläuterte der Befragte in Interview 3, dass es nicht genüge, wenn sich die Neu-Bürger nur in die Politik einmischen, so wie es seit Jahren durch Migrantenorganisationen geschieht, sondern anfangen sollten, die Politik „zu gestalten", das heißt „sie sollten sich nicht nur einmischen, sondern auch mitspielen/mitmachen". Bei dieser Argumentation wird noch einmal klar, dass die Vorstellung von Neu-Bürgern sich nicht durch das Institut der Einbürgerung und/ oder weitere Kriterien der Integration begrenzen lässt, sondern mit der Teilnahme an politischen Prozessen des Staates verknüpft wird. Dadurch werden auch die Maßstäbe der Angehörigkeit zu einem bestimmten Staat impliziert, denn wie schon von Miller erwähnt, wird durch die Teilnahme an politischen Prozessen die Identifikation mit der nationalen Identität angedeutet.

„Letztenendes bin ich nun mal ein Schwarzkopf ...“[11]

In der einheimischen Umgangssprache werden ausländische Mitbürger aus südlichen Ländern, besonders der Türkei, gelegentlich als *„Schwarzkopf"* benannt. Dies ist zum Teil eine herabschauende und *„othering"*[12] betonende Anwendung, die sich auf stereotypisierte Merkmale dieser Im-

---

[11] Der Begriff *„Schwarzkopf"* oder seine Varianten wie „ich habe nun mal dunkle Haare" oder „ich bin nun dunkel" kamen sehr häufig in den Interviews als eine grenzziehende Selbstzuschreibungskategorie vor. Da der Begriff *„Schwarzkopf"* sehr demonstrativ das Deutungsmuster Migrant hervorhebt, wurde dieser für die Darstellung gewählt.

[12] *Othering* beschreibt den Prozess, sich selbst und sein soziales Image hervorzuheben, indem man Menschen mit anderen Merkmalen als andersartig, „fremd" klassifiziert. Es findet also eine betonte Unterscheidung und Distanzierung von „den Anderen" statt, entweder wegen des Geschlechts, der ethnischen Herkunft, der Nationalität oder der sozialen Stratifikationen innerhalb der Gesellschaft. Hier wird das Wort in Bezug auf Prozesse benutzt, bei denen Personen oder gar Gruppen sich mit anderen vergleichen oder sich von ihnen distanzieren, da die vermeintliche Vorstellung herrscht, dass diese sich durch ihre Lebensform,

migrantinnen und Immigranten bezieht, unter anderem aber auch eine negative Konnotation beinhaltet. Interessanterweise ist dieser Ausdruck mittlerweile von Immigranten übernommen worden, in vielen Studien erläutern besonders junge Immigranten, um die Zerrissenheit ihrer Identitäten zu betonen, dass sie in Deutschland „*Schwarzkopf*" und in der Türkei als „*Almanci*" (Deutschländer) wahrgenommen werden. Diese Verinnerlichung der Anwendung ist unter anderem auch unter den Befragten zu finden; und das, obwohl man diese unter weit verbreiteten Kriterien für Integration sowie Bildung, Sprachkenntnis und politische Teilhabe als „Vorzeige-Migranten" bezeichnen könnte. Genauso wie bei seiner originären Anwendung benutzen die Befragten (Interviews 1, 4 und 9) diesen Begriff, um die Fremdwahrnehmung der Wähler hervorzuheben. Das ist sozusagen die Erklärung für die Differenz, die sie gegenüber anderen Kandidatinnen und Kandidaten haben, wie gleich auch die objektiven Voraussetzungen, die sie haben, sein mögen: „am Ende des Tages bin ich ein „*Schwarzkopf*" für den durchschnittlichen Wähler." In einem anderen Fall erzählte ein Befragter, dass auch ausländische Namen denselben Eindruck, dass man anders ist, hinterlassen, was aber zum Beispiel in sozioökonomisch schwächeren Gebieten, in denen viele Zuwanderer leben, bei Wahlen positive Folgen für die Kandidaten haben kann, weil sich die Einwohner leichter mit ausländischen Namen identifizieren können.

Die gleiche negative Konnotation gilt auch für die Medien, in denen Politikerinnen und Politiker mit Migrationshintergrund häufig mit den Labeln ihrer Herkunft präsentiert werden. Die Befragten interpretieren dieses journalistische Verhalten als etwas, was dem Bericht einen „authentischen Klang" verleiht, betonen aber zugleich, dass es einen implizit negativen Unterton beinhaltet, was aber in den Aussagen weiter unerklärt bleibt. Berichte in Medien der Herkunftsländer der Befragten implizieren im Gegensatz dazu eine Art von Stolz, wenn die Herkunft erwähnt wird, was aber auch mit Vorsicht genossen werden sollte, so die Aussagen. Denn die Befragten äußerten sich zum Teil zynisch über diese Haltung, da sie es als eine Art von Druck empfanden, wenn sie als Vertreter des Herkunftslandes dargestellt wurden; „so eine Einstellung wäre nicht möglich", heißt

---

Kultur oder andere Merkmale von der eigenen sozialen Gruppe unterscheiden. Besonders häufig wird das Konzept in der feministischen Tradition, Gender Studies und in der Queer Theory verwendet.

es, da sie „das deutsche Volk vertreten"[13]. Um die deutsche Identität und Angehörigkeit zu bestätigen, verankerten sich die Politikerinnen und Politiker am meisten in ihrer Sozialisation in Deutschland; in anderen Worten stützten die Befragten ihre deutsche Identität auf die Lebenserfahrung in Deutschland und auf die abgeschlossene Bildung im deutschen System an. Somit wurde der kulturelle Aspekt der nationalen Identität gegenüber dem ethnischen hervorgehoben.

Dieser Teil befasste sich auch damit, wie die Befragten sich in Bezug auf öffentliche Wahrnehmungen positionieren. Besonders die Benutzung des Begriffes „*Schwarzkopf*" hat die Verinnerlichung der Fremdwahrnehmungen in Ausdruck gebracht, indem askriptive Merkmale – wie die ethnische Herkunft – durch visuelle ersetzt werden und als Unterscheidungskriterien vorkommen. Keiner der Politiker, die befragt wurden, hat sich natürlich damit identifiziert, jedoch schien es in der Auswertung als ein merklicher Punkt, dass fast alle der untersuchten Interviews mit einem stereotypischen Ausdruck darauf hinwiesen und dies als ein Differenzmerkmal deutschstämmiger Politiker benannt haben. In einer tieferen Überlegung deutet der Ausdruck „*Schwarzkopf*" auf ein negativ konnotiertes Bild von Ausländern/Zuwanderern hin, das pauschal für alle Zuwanderer und deren Nachwuchs verwendet wird, das, da es auf askriptiven Merkmalen basiert, immerwährend bleiben wird und deswegen auch ununterbrochen eine Stellungnahme von den Betroffenen verlangt. Einen Ausweg gibt es jedoch, wie der Befragte im Interview 5 erzählte und das wäre eine Überzahl von Politikerinnen und Politikern mit nicht deutscher Abstammung in Parlamenten, was sie davon befreien würde, ein „Farbtupfer" zu sein und „eine[r] Normalisierung"[14] entspräche. Was besonders auffallend an den Antworten der befragten Politiker war, ist, dass sie durchweg versucht haben, ihre Entscheidung für oder gegen die parteipolitische Sprecherposten für Migration und Integration so zu begründen, dass diese von

---

[13] Eine ähnliche Diskussion fand auch statt zu der Zeit, zu der dieser Text verfasst wurde, nachdem der Türkische Regierungschef Recep Tayyip Erdoğan rund 100 Türkeistämmige aus Europa, unter anderem auch türkeistämmige deutsche Abgeordnete, zu einem gemeinsamen Mittagessen nach Istanbul einlud (http://www.spiegel.de/politik/deutschland/0,1518,681414,00.html, zuletzt abgerufen am 08. 05. 2011).

[14] Normalisierung ist eines der Leitmotive in den Interviews und verknüpft mit viel Literatur mit diversen Strategien und Handlungsmöglichkeiten devianter Personen, in der Gesellschaft. Diese Literatur wird überwiegend im Zusammenhang von Erving Goffmans Stigma-Konzept (Goffman, Erving; Stigma, Harmondsworth 1990) thematisiert.

Außenstehenden möglichst nicht im Zusammenhang mit ihrem Migrationshintergrund wahrgenommen wird. Der folgende Teil beschäftigt sich mit diesem Thema.

Sein oder nicht sein ...

Mandatsträger mit Migrationshintergrund, besonders mit Türkei-Abstammung, bekleiden häufiger die Position des migrationspolitischen Sprechers in ihren Parteien. Wie dies zustande kommt wird hin und wieder in den Medien thematisiert, da einige Politiker mit Migrationshintergrund konstatieren, dass dadurch „Schubladen-Denkweisen" entstehen und ihre Herkunft über ihre fachlichen Kompetenzen prävaliert[15]. Es wird auch häufiger behauptet, dass die Parteien ihrem Mandatsträger keine andere Wahl lassen, als diese Posten zu übernehmen. In den Interviews wurden Politiker gefragt, wie sie zu ihren politischen Posten stehen. Wie legitimieren sie ihre Präferenzen?

In den untersuchten Interviews kamen zwei Trends vor; bei dem einen betrachten interviewte Politiker mit Migrationshintergrund ihre Herkunft und durch eigene Lebenserfahrung gesammelte Kenntnisse als eine Bereicherung und ergänzen diese mit professioneller Kompetenz. Vor diesem Hintergrund ist es „logisch" (Interview 4) und „authentisch", dass sie als migrationspolitischer Sprecher in der Partei fungieren. Trotzdem fügen viele hinzu, dass sie eine Art von „Normalisierung" ersehnen, indem es so viele Parteikollegen mit Migrationshintergrund gibt, dass es nicht mehr so logisch wird, dass sie diese Posten übernehmen und auch eine „blauäugige deutsch-deutsche Kollegin" (Interview 2) diese Stelle besetzen kann.

Währenddessen verweigert ein anderer Teil der Befragten es vollkommen, eine Position in Verbindung mit Migration in der Partei zu verwalten, auch wenn sie die fachlichen Kompetenzen vorweisen können, da solch ein Verhalten unter anderem den Erwartungen in der Fremdwahrnehmung entspricht, dass Personen mit Migrationshintergrund sich nur mit Migrationsthemen auseinandersetzen und nur die Interessen ihrer Landsleute

---

[15] Siehe u.a.: „Bloß raus aus der Lobbyisten Ecke", Frankfurter Allgemeine Zeitung, http://www.faz.net/s/Rub594835B672714A1DB1A121534F010EE1/Doc~EE133267F3B324445A17DB70BE3F58E1F~ATpl~Ecommon~Scontent.html (zuletzt abgerufen am 08.05.2011) und „Gefangene ihrer Herkunft", Spiegel Online, http://www.spiegel.de/politik/deutschland/0,1518,488122,00.html (zuletzt abgerufen am 08.05.2011).

verfolgen. Wieso Parteien besonders Politiker mit Migrationshintergrund für Sprecherposten vorschlagen, erklären die Befragten damit, dass Parteien davon ausgehen dass diese Politiker durch ihre persönliche Erfahrungen für diese Sprecherposten am Besten geeignet seien, wobei die Befragten dafür plädieren, dass ihre persönliche Erfahrungen für weitere Themenbereiche nicht berücksichtigt werden. Dadurch wird das Schubladendenken in den Parteien zementiert. Manchmal seien junge Politiker durch „entweder das oder gar nicht"-Strategien in den Parteien in die Ecke gezwungen und ihre Herkunft wird „instrumentalisiert". Stattdessen bevorzugen Politiker dieses Trends Themen der *high politics*, ebenso weniger Medienpräsenz, weil ihrer Meinung nach die einzige Möglichkeit, um länger in der Partei zu existieren, in migrationsfreien Zonen besteht. Zudem wird auch von einigen Befragten argumentiert, wenn migrations- und integrationspolitische Sprecherposten von deutschen Politikerinnen und Politikern vertreten würden, zum Beispiel „von einer blonden großen Politikerin" (Interview 1)[16], könnten Parteien eine höhere Glaubwürdigkeit erreichen, wobei ein Politiker mit Migrationshintergrund gleich als „ein Lobbyist für Migranten" eingestuft wird.

Wie auch immer die Beschlüsse der Parteien für die Besetzung von Parteifunktionen umgesetzt werden, gleichen sich die Aussagen darin, dass Politik selbst relativ farbenblind ist, es allerdings der Fall ist, dass Politikerinnen und Politiker mit Migrationshintergrund immer noch „eine Ausnahme" darstellen und deswegen versuchen, bestimmte Vorbehalte zu kompensieren. Trotz der Aussage, dass sie „so deutsch wie andere Parteigenossen sind", „durch die Überzeugung an das deutsche Land Politik machen" oder, „dass die nicht-deutsche Herkunft nur eine kulturelle Bereicherung leistet", ist es bemerkenswert, dass bei allen Politikern eine Art von Handlungsstrategie vorhanden war, um nicht als der „Alibi-Migrant" wahrgenommen zu werden. Bei einigen waren die Bedenken größer, bei anderen weniger, aber der Druck der Fremdwahrnehmung war in den Erzählungen zu finden, sowie das Verlangen nach einer „Normalität in Politik" (Interview 9), in der „Herkunft kein Thema mehr wird" (Interview 10).

---

[16] In dieser Zitat aus Interview 1 wird das Stereotyp ethnisch Deutsch sein durch „blond und blauäugig" konstruiert.

Fazit

In diesem Beitrag wurde versucht, die formale politische Teilnahme aus einer anderen Perspektive zu untersuchen; und zwar aus dem Blickwinkel der Politiker mit Migrationshintergrund. Diese Gruppe von Politikern bietet zum einen die Chance, die Motivationen für die aktive Umsetzung der Staatsbürgerschaftsrechte durch Wahlkampfpolitik von Neu-Bürgern darzustellen und zum anderen die Möglichkeit, einen Einblick in die Rolle, die der Hintergrund in der Operationalisierung von Mandaten spielt, zu gewinnen, also darin, was für Selbstbilder die befragten Politikerinnen und Politiker von sich und ihrer Tätigkeit haben, aber auch wie sie (nicht) gesehen werden wollen. Wir haben es hier also mit strategischen Handlungsweisen zu tun, wobei hier nicht gemeint ist, dass diese nicht authentisch oder gar gefälscht sind, sondern vielmehr Verhaltensweisen und Positionen darstellen, die von Wahrnehmungen in der Gesellschaft für die Kategorie „Immigranten" beeinflusst werden. Durch die nur sehr spezifischen Erfahrungen einer sehr speziellen Bevölkerungsgruppe wird demnach individuellen Darstellungen, Konstruktionen, Empfindungen und Interessen einer dezidierten Bevölkerungsgruppe auf den Grund gegangen und somit vielleicht ein erweiterter Einblick in die Entwicklung der gesellschaftlichen Situation ermöglicht.

Das Argument dafür, dass formale politische Teilnahme durch Wahlen als Untersuchungsgegenstand ausgewählt wurde, ist zum einen, dass durch Wahlkampfpolitik ein explizites Interesse an Willensbildung für die gesellschaftliche Struktur gezeigt wird und zum anderen aber auch eine Zugehörigkeit zum Volk symbolisiert ist.

Durch die Aussagen in den Interviews wurde dieses Argument bestätigt, in anderen Worten haben Interviewpartner unterstrichen, dass die Teilhabe an Politik mit der gemeinsamen Zukunft im Lande verbunden ist und sie haben mehrmals dafür appelliert, dass Zuwanderer sich mehr für die Politik in Deutschland einsetzen sollten. „Einmischen" und „Mitmachen" sind zentrale Begriffe in dem Sinne, dass sie eine Darstellung der Verbundenheit der Zuwanderinnen und Zuwanderer mit der einheimischen Gesellschaft andeuten, aber auch einen Appell an Neu-Bürger dahingehend, ihre Bürgerrechte zu aktivieren. Die Richtlinien, nach denen sich die Politikerinnen und Politiker mit der deutschen Nation identifizieren und die sich aus den Interviews ableiteten lassen, können auch als Wegbereiter für neue Forschungsziele gesehen werden, da die deutsche Identität stark mit der Sozialisation im deutschen Bildungssystem und dem Wohlfahrtstaat verbunden ist und mit einer Art Wechselwirkung mit beidem begründet wird. Dabei wird die Herkunft der Eltern als eine persönliche sowie eine gesellschaftliche Bereicherung angesehen. Jedoch ist darauf hinzuweisen, dass diese Bereicherung bis eine „Normalisierung" eingetreten ist die Wahrnehmung als „Exote" (Interview 10) mit sich bringt. Der Begriff „Normalisierung", welcher als ein Leitmotiv in fast allen Interviews benannt wird, entspricht einer Zunahme von Politikern mit Migrationshintergrund, besonders als Mandatsträger, womit die Wahrnehmungen als *„Schwarzkopf"* oder „Exot" wegfallen. Davon lässt sich aber auch ableiten, dass die Position als Mandatsträger oder Mandatsträgerin zurzeit als ein Ausnahmezustand wahrgenommen wird, sowohl von den Politikern selbst als auch von der Gesellschaft. Es bleibt offen, ob die Zunahme von Politikerinnen und Politikern mit Migrationshintergrund eine Normalisierung mit sich bringen wird, besonders unter Berücksichtung der Begriffsbildung „Migrationshintergrund", denn diese ist umfassender als die Begriffe „Zuwanderer" oder „Ausländer" und bezieht sich auf „alle nach 1949 auf das heutige Gebiet Deutschlands Zugewanderten, sowie alle in Deutschland geborenen Ausländer und alle in Deutschland als Deutsche geborenen mit zumindest einem zugewanderten oder als Ausländer in Deutschland geborenen Elternteil."[17] Der Begriff ist somit so breit, dass er nach der ersten Migrantengeneration keinen definierten Abschluss hat, d.h. zukünftige Generationen fast für ewig mit einbezogen werden. Dadurch, dass der Begriff „Migrant", umgangssprachlich zumindest, als ein Synonym für eine Person mit Migrationshintergrund benutzt wird, sind auch eingebürgerte Politiker, die Deutschland repräsentieren, zumeist einbezogen. Deswegen bleibt fragwürdig, ob die ersehnte Normalisierung folgen wird.

Aus den Interviews kann man extrapolieren, dass die politische Landschaft keine wertfreie oder farbenblinde Zone bildet, zu der die öffentliche Wahrnehmung und Deutungsmuster keinen Bezug haben. Im Gegensatz hierzu wird auch die Repräsentationsarbeit in der Politik sehr von diesen Wahrnehmungen beeinflusst. Aus diesem Grund weisen Interviewpartner

---

[17] Statistisches Bundesamt, Bevölkerung mit Migrationshintergrund – Ergebnisse des Mikrozenus 2005 – 04. 05. 2007.

ihrem Signifikant „Migrationshintergrund" eine Vielzahl von Bedeutungen zu, welches zu Stellungnahmen beiträgt, in dem sie sich öfter bemüßigt fühlen, Grenzen zwischen ihrer Herkunft und ihrer Repräsentationsarbeit in der Politik als deutsche Politiker zu ziehen.

Migranten in der deutschen Politik: New Kids on the Block

Martin Hyun

Einleitung

Als Kind habe ich kaum etwas über Politik gelernt. Nach der 7. Schulklasse wurde der Politikunterricht aus dem Lehrprogramm gestrichen und auch meine Eltern erzogen mich sehr unpolitisch, was sie jedoch nicht daran hinderte, mich autokratisch, spartanisch zu erziehen. Meine Eltern haben mich gelehrt, vor allem zu aller erst „Mensch" zu werden. Sie konnten mir keine akademischen Vorbilder sein, dennoch haben sie mir essentielle Dinge mit auf meinem Lebensweg mitgegeben. Mein Vater hat mir einge- trichtert, Dinge, die man einmal anfängt, zu beenden. Meine Mutter hat mich gelehrt, sich für Ideale einzusetzen und nicht dem Ruf des Geldes zu folgen, weil man auch bei einem verlorenen Kampf diese Prinzipien, für die man sich eingesetzt hat, für immer beibehält. Beide haben mir bei- gebracht, dass aller Erfolg auf individueller Ebene wertlos ist, wenn man ihn den anderen Menschen nicht zu Gute kommen lässt. Sie haben mich früh gelehrt, sich für die weniger Privilegierten und Schwachen dieser Gesellschaft einzusetzen und mir dabei immer bewusst gemacht, dass man für gesellschaftliches Engagement weder akademische Titel braucht noch finanziell wohl auf sein muss. Egal, ob man nun Hausmeister ist oder eines Tages Geschäftsführer wird – man kann immer etwas tun für die Gesellschaft in der man lebt. Trotz meiner unpolitischen Kindheit war ich tief im Inneren immer ein politischer Mensch. Nur musste ich nach Ame- rika ziehen, um beim Studium meine politische Seite zu entdecken und zur Entfaltung zu bringen. Durch ein akademisches Stipendium meiner amerikanischen Universität hatte ich das Privileg, Dozenten und Freunde fürs Leben kennen zu lernen, die mir eine neue Welt eröffneten und mich geistig forderten und förderten.

Warum in die Politik

Womöglich stellen sich viele die Frage, weshalb gerade ein Deutsch-Korea-
ner in die „deutsche" Politik möchte. Der Durchschnitts-Deutsch-Koreaner
ist unpolitisch und in den Augen der deutschen Gesellschaft allenfalls In-
haber eines asiatischen Restaurants, Kampfsportler oder ein „japanischer"
Salaryman. Politik ist zudem ein konfrontationsgeladener Beruf und
Asiaten sind nicht auf Konfrontation aus. Koreaner sind darauf bedacht,
Harmonie und Ordnung im Gleichgewicht zu halten. Politik ist genau das
Gegenteil und baut sich auf Disharmonie und Unordnung auf. Um erfolgreich in der Politik zu sein, muss man sehr oft schmutzige Wäsche waschen
und aus eigener Erfahrung weiß ich, dass Koreaner aus guten Gründen
ihre schmutzige Wäsche gerne für sich selber halten. Politik verkörpert all
das, was nicht zum allgemeinen Bild der Asiaten passt.

Politologen und Sozialwissenschaftler prophezeien, dass durch die Glo-
balisierungs-Ära und in Zeiten des Umbruchs die Integrationsbereitschaft
auf beiden Seiten der Mehr- und Minderheitsgesellschaft sinkt und das
in einer Zeit, in der wir Augenzeugen des Falls der Mauer und einer EU-
Erweiterung wurden. Die Politik scheitert in ihrer Aufgabe, eine adäquate
Antwort zu geben auf die neuen Lebensumstände, die die Globalisierung
mit sich bringt. Die Politik hat die Gesellschaft nicht darauf vorbereitet.
Viele Parteien befinden sich momentan in einer Selbstfindungsphase und
Neuorientierung, die eine effektive und vernünftige Politik nicht zulässt.
Man misst sich an rhetorischem Geschick anstelle sich des wahren Pro-
blems zu widmen. Man hat sich seiner Vorbildsfunktion entzogen. Die
Politik ist heute keine Berufung mehr, sondern hat sich zu einem riesigen
Wirtschaftsunternehmen entwickelt. Das nagt an der Glaubhaftigkeit der
Politik und spaltet die Gesellschaft. Dabei wächst die Politikverdrossenheit
und die Gefahr der leichten Manipulierbarkeit der Gesellschaft. In einer
Zeit, in der viele ins Bodenlose abstürzen und nur sehr wenige Privilegier-
te das Glück haben aufzusteigen, ist die Politik in ihrer Vorbildsfunktion
mehr denn je gefordert.

Ich stelle mir vor, dass die Politik anders sein kann und dass die Menschen Hoffnung und Sehnsucht auf eine andere Politik haben. Ich bin fest
davon überzeugt, dass die Menschen auf eine neue Generation von Politikerinnen und Politiker wartet, die nicht des Geldes und Macht wegen
Politik machen, sondern wie ursprünglich der Menschen wegen und trotz
Parteigebundenheit so viel Charakter besitzen, gegen den Parteistrom zu

schwimmen, wenn es der Situation bedarf. Wir befinden uns an einem Scheideweg, an dem wir uns neu orientieren müssen. Heute müssen wir neu definieren, was einen „Deutschen" im 21. Jahrhundert ausmacht.

Eine konkrete Vorstellung, wie dieser Veränderungsprozess aussehen kann, habe ich nicht. Diesen müssen wir gemeinsam erarbeiten. Ich weiß aber, dass die Politik menschlicher, anständiger und vor allem fair zu allen sein kann. Das alte Polit-Establishment, der harte Kern in Berlin, mit seinem konventionellen Denken wird es nicht für uns richten. Dort wird mit aller Macht versucht, das altbewährte mit altbewährten Taktiken aufrechtzuerhalten. Die Politik hat sich somit ein geschlossenes Umfeld geschaffen, wo nur Menschen hochgezogen werden, die diesen Ansprüchen entsprechen. Das ist fatal für unsere Demokratie. Die Menschen haben die Botschaft der Politik längst begriffen und wissen, dass man dort nur teilhaben und Teil werden kann wenn man aus demselben Holz geschnitzt ist.

Ich habe aber diesen Traum, der in mir nicht sterben möchte, dass meine Kinder ein weitaus toleranteres Deutschland vorfinden als dieses heute ist. Ich träume davon, dass meine Kinder und deren Enkelkinder in einer Gesellschaft aufwachsen, in der es selbstverständlich geworden ist, asiatisch auszusehen und dennoch „deutsch" zu sein. Ich träume davon, dass sie es einfacher haben werden, in der Gesellschaft aufzusteigen. Ein Land, das Chancengleichheit wirklich in die Tat umsetzt. Trotz aller Unterschiede und Umbruchsstimmung müssen wir die gemeinschaftlichen Werte, die beim täglichen Überlebenskampf in Vergessenheit geraten sind, zurück ins Gedächtnis rufen, wie viel wir doch gemeinsam haben: gemeinsame Hoffnungen und Träume, die uns alle vereinen. Wenn sie die Augen schließen und nur die Stimmen der Anderen hören, wissen sie was damit gemeint ist. Ich stelle mir vor, dass wir diesen Traum wahr machen können, wenn wir genug Menschen finden, die bereit sind sich für diese gemeinsamen Werte und Ziele einzusetzen und sich dafür begeistern können. Ich weiß, dass wir heute das Dreifache an Energie aufwenden müssen, um zu verhindern, dass unsere Gesellschaft nicht auseinandergeht, wie viele Politologen und Sozialwissenschaftler vorauszusagen vermögen. Der Staat kann nicht alles für uns richten, deshalb glaube ich, wenn wir genügend Menschen davon überzeugen können, einen kleinen Beitrag zu leisten, unsere Gesellschaft zu stärken, dass dies den Nachfolgegenerationen zugute kommen wird. Dafür möchte ich kämpfen.

Politik – eine geschlossene Gesellschaft

Es ist eigenartig, dass in der Politik, wo über die Integration am hitzigsten diskutiert wird, diese Integration nicht sichtbar ist. Wo ist die bunte und kulturelle Vielfalt, von der viele Politiker reden und fordern? Hier scheint die Politik in ihrer Vorbildsfunktion doch zu versagen. Politik ist noch eine geschlossene Gesellschaft. Es ist ein alteingesessener Alt-Herren Klub, ein „Old Boys Network" und wir sind die neuen in diesem (unserem) Land. Wir sind, die „New Kids on the Block" und aus diesem Grunde bleibt die Politik eine Tabuzone für uns. Das spiegelt sich auch darin wieder, wenn Landes- oder Bundesregierung über Deutschland sprechen. Dann können wir mit Sicherheit davon ausgehen, dass man nicht über ein Deutschland spricht, wie wir es kennen. Es ist ein Deutschland, das bestenfalls durch das Gleichstellungsgesetz deutsche Frauen und Behinderte dazuzählt, aber keine Afrodeutschen, Asiaten und erst recht keine Deutsch-Koreaner.

Sehr viele versuchen mir den Weg in die Politik auszureden. „Du, als Mensch mit Zuwanderungsgeschichte in Deutschland Politik machen? Keine Chance!" Dann gibt es da die Worte von meiner Bekannten Mi-young, die in meiner Erinnerung haften geblieben sind „Deutschland ist einfach noch nicht soweit! Schau Dir doch die Abgeordneten im Landtag, Bundestag, Europaparlament und die Beamten im Bundeskanzleramt und Bundespräsidialamt an. Kein einziger von ihnen hat einen persönlichen Referenten mit Migrationsvorgeschichte, auch, wenn es genug qualifizierte Migranten gibt, die dort arbeiten könnten. Die so genannten Ziehtöchter oder Ziehsöhne von hochrangigen Politikern, die später wichtige gesellschaftspolitische Funktionen ausüben, werden immer die anderen sein – niemals wir!" Das Erste, was ich bei einem Praktikum im Bundestag von meinen Mitarbeitern zu hören bekam war: „Kein Abgeordneter, vor allem von einer konservativen Partei, würde auf die Idee kommen, Dich einzustellen. Dein Anderssein ist eben äußerlich deutlich sichtbar. Der Abgeordnete müsste Deine Einstellung in seinem Wahlkreis und anderswo immer wieder aufs Neue rechtfertigen!" Auch Journalisten, die ich nach Interviews befragte, ob sie sich in baldiger Zukunft einen afrodeutschen Botschafter vorstellen könnten, verneinten diese Frage ohne lange zu überlegen. Eine ältere deutsche Dame, die meine Unterhaltung mit einer Arbeitskollegin im Ministerium für Generationen, Familie, Frauen und Integration des Landes Nordrhein-Westfalen mitbekommen hatte, sagte mir beim Aufstehen: „Einen schönen Aufenthalt wünsche ich Ihnen noch in

Deutschland!" Meine Arbeitskollegin schaute sie an und wies daraufhin, dass ich aus diesem Land stamme. Sichtlich peinlich berührt verbesserte sie sich und sagte dann: „Ja wenn das so ist, dann wünsche ich allezeit einen guten Aufenthalt!".

Von klein auf bin ich es gewohnt, dass andere versuchen, mir Dinge aus dem Kopf zu reden. Das war auch nicht anders im Sport. Darauf habe ich nie gehört, aber dennoch dabei wichtige Dinge gelernt. Erstens: es wird immer Menschen geben, die versuchen, dir einzubläuen, dass du etwas nicht kannst, dass du dazu nicht fähig bist, und, dass du es erst gar nicht versuchen solltest. Aber ich habe früh gelernt, dass es der Mühe wert ist, für seinen Traum zu kämpfen. Meine Eltern haben uns Kinder so erzogen, dass es keine Barrieren gibt für einen Erfolg nach harter Arbeit, egal welcher Herkunft und welcher Ethnie man zugehörig ist.

Play-it-Safe-Jobs

Meine Eltern hatten den weisen Vorausblick, dass wir Kinder eine berufliche Karriere einschlagen sollten, bei der man Erfolg nicht nach individuellen Befähigungen, Leistungen und Eignungen misst, sondern nach strikten mathematischen Formeln. Mutter und Vater wollten, dass ich eine medizinische Laufbahn einschlage, doch zugegebenermaßen würde ich wohl beim kleinsten Anblick von Blut in Ohnmacht fallen. Die erste Generation Koreaner in Deutschland befreit sich langsam von der Eitelkeit, dass eine höhere Bildung alleine nicht ausreicht, um in Deutschland Fuß zu fassen und dass „unsere" Welt eine ganz andere ist, als sie es sich vorgestellt haben. In dieser Welt wird der Erfolg eines Menschen nicht mehr daran gemessen, wie gut qualifiziert und gebildet man ist. Im Wirkungskreis der zweiten Generation Deutsch-Koreaner kommt man nur weiter im Leben, wenn man neben der guten Bildung zusätzlich über ein starkes gesellschaftliches Netzwerk verfügt.

Als Mitglied der akademischen Elite im Lande fühlte man sich auf der sicheren Seite, was das reale Leben nachdem Studium anbelangte. Job, Arbeit und das Streben nach Glück sollten anstandslos folgen, egal in welchem Bereich. Doch viele werden bitter enttäuscht. Die harte Arbeit, der immense finanzielle Aufwand und der Besitz einer höheren Bildung, die bis dahin gedachten Einlasskarten, um die soziale Leiter aufzusteigen, schützen nicht vor Diskriminierung und Ablehnung. Rückzug, Resignation und Arbeitslosigkeit waren bis dahin Fremdwörter und wurden nur mit Migranten assoziiert, die Probleme verursachten. Der große Schritt nach vorne entpuppt sich in Realität als ein Schritt zurück, der folglich zum Rückschritt führt. Der Kampf ums Überleben drängt viele Deutsch-Koreaner, Jobs zu akzeptieren, die nach ihrem Bildungsstand niedrigere Qualifizierung verlangen oder sie entscheiden sich, Angebote wahrzunehmen, die ihnen von der „emotionalen" Heimat unterbreitet werden. Bereiche wie zum Beispiel die Medizin, die schon sehr früh offen waren für Interkulturalität wird man als „anders" aussehender Deutscher zumindest geduldet. Viele versuchen deshalb, den sicheren und risikolosen Weg zu gehen, anstatt als Pioniere einen neuen und harten Weg einzuschlagen, wo sie oft gegen Windmühlen kämpfen müssen.

Migranten in internationalen Organisationen

Vor kurzem bekam ich eine Einladung, dass ich die nächste Runde zu einem Auswahlgespräch für einen Job der UNO im Bereich Sport und Entwicklung, in der ich Deutschland repräsentieren würde, erreicht habe. Der Mann vom Auswärtigen Amt prüfte gründlich meinen Lebenslauf und stellte mir dann die Frage aller Fragen: „Sie haben hier viel mit Korea stehen – Sie wissen aber schon, dass Sie Deutschland repräsentieren – glauben Sie nicht das es zu Interessenskonflikten kommen könnte?" Ich musste erst einmal schlucken nach dieser geballten Identitäts- und Loyalitätsfrage. Die zweite, eine eher rhetorische Frage und bevor ich Antwort geben konnte, folgte sogleich: „Sie sind aber eingebürgert, oder?!"

Danach stellte mir ein anderer Mann aus dem Bundesministerium für wirtschaftliche Zusammenarbeit und Entwicklung die Frage: „Warum entsendet Deutschland wohl Experten in internationale Organisationen?" Mir fiel sofort das *knowledge sharing* ein, damit Deutschland nicht in den Entwicklungen der Weltpolitik hinterherhinkt und seine Unterrepräsentation abbauen kann. Aber die Antwort war viel simpler, als ich gedacht habe: „Damit wir Personen dort haben, die leichter anzusprechen sind, weil Sie eben Deutsch sind in jeglicher Hinsicht. Damit gehen wir sicher, dass wir keine Kommunikationsprobleme bekommen und auch im Umgang", sagte der Mann ohne mit der Wimper zu zucken. Ich blieb sprachlos und dachte mir nur, dass man in diesem Leben wohl nie genug „deutsch" sein kann und wenn man als Migrant zu Deutsch wirkt, wird einem noch dazu

Deutsch-Lastigkeit vorgeworfen. Man sieht nicht, dass ich eine Brücke sein kann für Deutschland, zumal der UNO-Generalsekretär Ban Ki-moon ein Koreaner ist.

Erst vor einiger Zeit wurde Deutschland von dem UN-Komitee zur Beseitigung von Rassismus (CERD) kritisiert, ein Land zu sein, dass zu zögerlich gegen Rassismus und Diskriminierung vorgeht. Das ist nichts Neues für Deutschland weil es mittlerweile mehrere EU-Studien und nationale Ergebnisse gibt, die diese Fakten bestätigen. Zudem wurde befragt, inwiefern ethnische Minderheiten in die öffentlichen Dienste integriert sind, zumal der öffentliche Dienst einer der größten Arbeitgeber ist. Es ist immer noch so, dass man als Mensch mit Zuwanderungsgeschichte in den repräsentativen Stellen nicht gerne gesehen ist. Diese Jobs sind für die Einheimischen reserviert. Irgendwie ist es ironisch, dass vor allem die Arbeitgeber in den nicht-repräsentativen Arbeitssektoren Integration vorantreiben und die bunte Vielfalt als Chance verstehen. Fordern und fördern wird dort praktiziert, was von der Politik verlangt wird. Bei den repräsentativen Stellen ist die Situation genau gegenteilig. Dort ist man als hochqualifizierter Migrant nicht mehr willkommen. Die Mitarbeit von „Deutschen (Deutsch-Koreanern, Deutsch-Türken, Afrodeutschen et cetera)" in internationalen Organisationen, die Deutschland repräsentieren, lässt noch auf sich warten. Gerade diese Situation verursacht nicht nur ein *Brain-Drain* und Imageschaden für unser Land, sondern fördert auch eine Gesellschaft, die kein Zusammengehörigkeitsgefühl mehr kennt und sich weiter spaltet.

Ich stelle mir die Frage, wieviel des Personals, das Deutschland jährlich in internationale Organisationen entsendet, um Deutschland würdig zu repräsentieren, eine Migrationsgeschichte hat?

Wir haben kaum Vorbilder. Bislang haben wir nur uns selbst. Aber mit jeder Konferenz, die wir halten, mit jeder Schule oder Universität, in die wir neu eintreten, mit jedem neuen Job, dem wir nachgehen, schaffen wir neuen Boden. Damit schaffen wir uns unsere eigenen Vorbilder, egal ob sie nun türkisch, russisch, spanisch oder koreanischstämmig sind.

Epilog

Wir können uns nicht davon freisprechen, dass in Deutschland immer noch Diskriminierung und Fremdenhass in dieser Gesellschaft existent sind. Mittlerweile sagt man, dass diese Krankheit in der Mitte der Gesellschaft angelangt ist. Martin Luther King jr. sagte einmal: „Tatsächlich ist alles im Leben miteinander verbunden. Alle Menschen sind in ein Netz der Gegenseitigkeit verwoben. Was den einen unmittelbar betrifft, betrifft den anderen mittelbar. Ich kann niemals so sein, wie ich eigentlich sein sollte, wenn du nicht bist, wie du sein solltest. Und umgekehrt ist es nicht anders. Das ist die eng verstrickte Wirklichkeit unseres Lebens." Vielleicht fragen Sie sich was die über 40 Jahre alten, gesprochenen Worte Kings mit Deutschland und Integration zu tun haben. Kings Worte sind universell. Ich kann niemals so sein, wie ich eigentlich sein sollte, wenn Du nicht bist, wie Du sein solltest. Du kannst niemals so sein wie Du eigentlich sein solltest, wenn ich nicht bin, wie ich sein sollte. Meine Kinder können niemals so sein, wie sie eigentlich sein sollten, wenn ihre Kinder nicht so sind wie sie sein sollten. Deutschland kann niemals so sein, wie es sein sollte, wenn Mehr- und Minderheitsgesellschaft nicht das sind, was sie sein sollten. Diese zeitlosen Worte Kings treffen auch heute im 21. Jahrhundert noch den Geist unserer Zeit.

Anteilnahme oder Gleichgültigkeit?
Junge Migranten in Politik und Gesellschaft

Merve Aydin

Jugendmesse 2008 in Duisburg. Vertreten sind Kunst, Design, Sport, Gesellschaft und Politik.

Schulklassen und andere interessierte Jugendliche sind gekommen und schreiten zielstrebig an den Ständen der NGOs und politischen Parteien fort, angezogen von der Musik, die in der ganzen Halle ertönt. Ich stehe an dem Stand von terre des hommes und versuche, einige Jugendliche abzufangen und sie für eine gute Sache zu begeistern. Nicht so einfach, umso schwieriger kurz vor der Tanzbühne.

Duisburg mit seinem nicht geringen Bevölkerungsanteil nicht deutscher Herkunft ist der Veranstaltungsort und eben dieser Facettenreichtum macht sich auch bei den Besuchern bemerkbar.

Ich stürze hoffnungsvoll in eine Gruppe, stelle kurz terre des hommes vor, frage dann: „Möchtest Du dich nicht auch gegen den Einsatz von Kindern als Soldaten stark machen? Schon kleine Kinder müssen in einigen Regionen der Erde in den Krieg, und wir führen gerade eine Kampagne durch, für die wir auch deine Unterstützung benötigen." Die Begeisterung hält sich in Grenzen, es müssen mehr mobilisiert werden, denke ich und fahre fort: „Ich brauche einen Abdruck deiner Hand, es wird als Stop-Zeichen dienen, in New York bei der UNO ausgestellt werden". Es ist getan, die rote Farbe befindet sich schon auf der Hand, der Abdruck ist auf dem Papier, unterschrieben wird mit Julia oder Jochen, sehr selten mit Amira oder Ali. Die Letzteren findet man dagegen auf der Tanzfläche oder in Castingshows. Jugendliche schenken politischen Themen generell weniger Beachtung, negativ überrascht mich aber, dass jene aus Immigrantenfamilien noch sehr viel weniger zu begeistern sind, als ihre Altersgenossen. „Was soll ich damit? Was geht mich das an?" ist nicht selten die Reaktion.

Festzuhalten ist hier auf der Messe, dass der Anteil der ausländischstämmigen Jugendlichen, die für gesellschaftliche Themen allgemein und an Eine-Welt-Themen im Speziellen aufgeschlossen sind, verschwindend gering ist. Die neugierigen Teilnehmer sind meistens deutscher Herkunft, oder Gymnasiasten mit Migrationshintergrund.

Außerhalb des Messegeländes lässt sich dieses Bild bestätigen. Wie viele dieser Jugendlichen sitzen in Schülervertretungen, engagieren sich in Nichtregierungsorganisationen oder in Parteien? Engagement muss nicht zwangsläufig heißen, dass man sich für Kinder in Kriegsregionen einsetzt, man kann sich auch für eigene Belange einsetzen. Und das ist es, was fehlt, engagierte Jugendliche nichtdeutscher Herkunft. Wer als Erwachsener in der Politik aktiv ist, war höchstwahrscheinlich schon als Jugendlicher oder junger Erwachsener an der Gesellschaft interessiert.

Ich möchte nicht zu pessimistisch sein, jedoch bleibt die Frage: Wieso ist das Interesse für Musik so hoch, jedoch für die Gesellschaft so gering? Vielleicht lohnt sich es, kurz einen Blick nach Frankreich zu werfen, unserem Nachbar, der sich schon etwas länger mit dem Thema Integration auseinanderzusetzen scheint. In Frankreich sind mehr Minister mit sogenanntem Migrationshintergrund im Dienst als in Deutschland, ein Zeugnis einer gelungenen Integration? „Il me reste que le rap pour essayer de reussir en France" – Mir bleibt nur die Rapmusik, um in Frankreich nach dem Erfolg zu greifen. Wörter des Musikers Rim-K, bekannter französischer Musiker und Sohn algerischer Immigranten. Bestätigt wird dies von La Jonction, einer Musikgruppe mit Mitgliedern, die ebenfalls zum Teil nichtfranzösischen Ursprungs sind. „Pour reussir on voit pas plus loin que l'animation." Um erfolgreich zu sein, versucht man sich nur auf dem Gebiet der Unterhaltung. Tanz, Musik und Sport, soll das heißen, jedoch selten umgreift dies andere Bereiche. Für sie ist es klar, dass man nicht auf dem Gebiet der Politik oder der Gesellschaft erfolgreich wird. Ist das denn nicht widersprüchlich, sollten sich denn nicht die Kinder Einwanderer, die viele Belange haben, für die sie sich einsetzen können, umso mehr für die Gesellschaft engagieren?

Nun, an was fehlt es diesen Jugendlichen? Was braucht es, um überhaupt aktiv an der Gesellschaft teilzunehmen? Die Sprache.

Ich hatte es geschafft, Mustafa an den Stand zu locken, das Bild war auch schon fertig. Es fehlte nur noch die Nachricht an die Vereinten Nationen. „Was soll ich denn schreiben, und wie?" Es sollte zwar nicht verallgemeinert werden, jedoch sind die sprachlichen Defizite teilweise gravierend. Hieran sieht man leider, dass es keine Selbstverständlichkeit ist, die Sprache des Landes zu beherrschen, in dem man geboren wurde und aufwächst. Nicht nur die schulische Laufbahn ist damit eingeschränkt, sondern auch die aktive Teilnahme an der Gesellschaft. Der Glaube, durch ein Ehrenamt etwas bewirken zu können, treibt viele an, aber auch einfach der Wunsch andere Menschen kennenzulernen und neue Erfahrungen zu machen. Nicht zuletzt besteht das Bedürfnis, die Gesellschaft mitzugestalten. Durch den Kontakt mit anderen Menschen, verschiedenen Alters- und Bevölkerungsgruppen werden Sozialkompetenzen wie Teamfähigkeit erlangt, was sich auch bei Bewerbungen auszahlt. Soziales Engagement findet oft während des Studiums statt, wer nie die gymnasiale Oberstufe besucht oder studiert, engagiert sich wahrscheinlich auch nicht.

Doch es gibt sie, jene junge Mitbürger nichtdeutscher Herkunft, die die Gesellschaft aktiv mitgestalten, die in Studierendenparlamenten sitzen und in Nichtregierungsorganisationen ein Amt gefunden haben.

Oft sind schon die Eltern politisch aktiv gewesen, in Deutschland oder in der vorherigen Heimat. Die soziale Herkunft bestimmt nicht nur den schulischen Erfolg, sondern leider auch die Partizipation an der Gesellschaft.

Jedoch hat sich einiges getan in den letzten paar Jahren. Kaum einem türkisch-deutschen Studenten dürfte wohl die Existenz der Türkisch-Deutschen Studierenden- und Akademiker Plattform entgangen sein, einem Zusammenschluss, der Studierende und Akademiker mit Persönlichkeiten aus der Wirtschaft und Politik zusammenbringen möchte. Im Vorstand sitzen Akademiker türkisch-deutscher Herkunft und zur Zeit wirbt der Verein vermehrt um Mitglieder und Engagierte. Die Aktiven stammen nicht nur aus akademischen Familien, sondern auch aus einfachen Arbeiterfamilien, jedoch erleichtert die Tatsache, dass sie studieren und schon über bestimmte Kompetenzen verfügen, den Start und die Weiterführung des ehrenamtlichen Engagements. Sorgen macht mir immer noch die Zukunft jener Heranwachsenden, die bildungsfern bleiben und auch wenig an der aktiven Teilnahme an der Gesellschaft interessiert sind.

Zurück nach Duisburg: Eine Gruppe von Jugendlichen, deutlich erkennbar nichtdeutscher Herkunft, schreitet am Stand vorbei, einer von ihnen schaut kurz zu unserem Stand und ich nutze die Gelegenheit und halte diesen Jungen an. Ich kann ihn überreden, an der Aktion teilzunehmen. Seine Freunde wollen jedoch weitergehen und ziehen ihn zurück, während ich erfahre, wie sie heißen, und dass sie Türkisch sprechen. Als ein „Komm, du tust etwas Gutes für die Kinder in der Welt" nicht überzeugend genug ist, locke ich sie mit einer Aufforderung auf Türkisch. Die Desinteressierten

sind verblüfft und sind nun angezogen vom Stand und lassen freiwillig
einen Abdruck ihrer Hände machen.

Nun ist mir auch klar, was es braucht. Es sollte nicht nur versucht werden, über Musik Jugendliche anzulocken, denen man dann etwas über
Politik erzählt, sondern brauchen solche Messen Vermittler, die den Jugendlichen zeigen, dass sie etwas für sich selbst tun können. Vermittler,
die auch als Vorbilder fungieren können, die die Kluft zwischen „deutscher
Gesellschaft" und ihrem gedachten Universum überbrücken können. Beispiele, die aus ihrem sozialen Umfeld stammen, ihnen zeigen, dass Frei-
willigendienst nicht vergeblich ist und ihnen Handlungsanreize gibt.

Denn auch die Partizipation der beschriebenen bildungsfernen jungen
Mitbürger unserer Gesellschaft ist notwendig, um die Integration voranzu-
treiben. Ebenfalls ist der Gewinn, den man durch z.B. die aktive Mitarbeit
in einem Verein erzielt, nicht zu leugnen und ganz besonders für Kinder
nichtdeutscher Herkunft notwendig.

Engagement verbindet Menschen.

Die Entstehung und Rolle des Ausländerbeirates in Bonn

Dr. Ibrahim Aydin

In den Siebziger Jahren des letzten Jahrhunderts wurden die ersten Strukturen geschaffen, die ausländische Arbeitnehmer vertraten. In Bonn war das bedeutendste Organ unter diesen der Verein Türkischer Arbeitnehmer, dessen Mitglieder von der Arbeiterwohlfahrt benannt wurden.

Die wichtigste Umwandlung wurde 1985 getan, die Mitglieder wurden nicht mehr bestimmt, sondern von den ausländischen Mitbürgern direkt gewählt. Die Wahl erfolgte über Listen, die unabhängige Kandidaten gruppierten. Gewählt wurde für einen Zeitraum von vier Jahren. Stimmberechtigt waren alle Bonner Bürgerinnen und Bürger, die nicht die deutsche, sondern eine ausländische Staatsangehörigkeit besaßen. Zudem mussten die Personen seit mindestens einem Jahr in Bonn gemeldet sein. Mit Erhalt der deutschen Staatsbürgerschaft entfiel die Stimmberechtigung.

Dieses Gremium hieß von nun an Ausländerbeirat. Vertreten wurden türkische, italienische, griechische, portugiesische, jugoslawische, marokkanische und tunesische Mitbürger, die ihre Vertreter wählen konnten. Der Beirat bestand aus 13 Repräsentanten des Ausschusses für Sozial- und Wohnungswesen und 13 ausländischen Vertretern.

Der nun gegründete Beirat war in erster Linie eine Interessenvertretung der ausländischen Arbeitnehmer, er hatte aber auch weitere Aufgaben. Er bot eine Plattform für den Dialog zwischen der deutschen und der ausländischen Bevölkerung in Bonn. Unter anderem förderten Aktivitäten wie gemeinsame Sommerfeste das gegenseitige Kennenlernen.

Dieses Miteinander der Mitbürger unterschiedlicher Herkunft führte zu einem guten Zusammenleben und machte Bonn zu einer weltoffenen Stadt. So fanden ausländerfeindliche Bewegungen wie pro Köln e. V. keinen fruchtbaren Boden in Bonn.

Der Wandel in einen gewählten Ausschuss machte die Partizipation der ausländischen Mitbürger am kommunalpolitischen Geschehen möglich und war auch eine bedeutende Zäsur in der Einwanderungsgeschichte.

Nun war es mehr oder weniger klar, dass es sich bei den Neubonnern nicht mehr um Gastarbeiter handelte, sondern um Mitbürger.

Eine der ersten wichtigen Aufgaben, die wir damals vor uns hatten, war die Errichtung eines islamischen Friedhofs. Denn die Angehörigen der Verstorbenen wünschten sich eine Beisetzung in der Nähe der Familie, die nun nicht mehr in der Türkei, sondern in Bonn war.

Auch für die heranwachsende Generation waren Aufgaben zu bewältigen: In den Achtziger Jahren besuchten viele Schüler aus türkischen Familien mangels guter Deutschkenntnisse die Sonderschule, die kaum Wissen vermittelte und nicht die geeignete Schulform für diese Kinder war, da sie dort nicht gefördert wurden.

Wir machten als Ausländerbeirat auf diesen Missstand aufmerksam, sodass diese Kinder auf Schulen kamen, die bessere Förderungsmöglichkeiten boten.

Heute ist nun die Hauptschule zu einem Problemfall geworden und es ist wieder Zeit zu handeln.

Der Ausländerbeirat Bonns wurde zu einem Sprachrohr der ausländischen Mitbürger und baute durch seine Aktivitäten Brücken zwischen den Bonnern unterschiedlicher Herkunft.

Politische Teilhabe von Immigranten: Das Berliner Experiment

Yonas Endrias

An vielen Orten wird die Frage immer wieder gestellt, wie Migranten am politischen Entscheidungsprozess beteiligt werden können. Die ersten Schritte in diese Richtung waren die „Ausländerbeiräte". Beiräte, in denen Migrantinnen und Migranten mitwirken, wo sie aber wenig effektive Einmischungsmöglichkeit haben. Der Berliner Vorstoß sollte etwas anderes bieten als ein Alibigremium. Ob das gelungen oder gar gewollt ist, geben die Erfahrungen der ersten vier Wahlperioden wieder. Der Landesbeirat für Migrations- und Integrationsfragen des Berliner Senats wurde mit viel Vorschusslorbeeren von Politik und Migrantinnen und Migranten gestartet. „Für den Berliner Senat ist der Integrationsbeirat ein zentraler Bestandteil des Paradigmenwechsels in der Berliner Integrationspolitik", so die damalige Senatorin für Integration, Arbeit und Soziales, Heidi Knake-Werner (Die Linke). Ferner deklarierte sie stolz: „Wir haben damit in Berlin eine neue Kultur der Beteiligung geschaffen!"

Der Berliner Senat beschloss am 29. April 2003 mit der Beschlussnummer 1083/03 die Einrichtung des Landesbeirats für Integrations- und Migrationsfragen. Der Beirat sollte zusammengesetzt werden aus folgenden Gruppen: Es sollten Vereine, Initiativen und Verbände vertreten sein, wie die Gewerkschaften, freie Wohlfahrtsverbände, der Flüchtlingsrat Berlin, der Landessportbund, eine Vertreterin/ein Vertreter der Berliner Wirtschaft sowie eine Vertreterin/ein Vertreter der Aussiedler/Spätaussiedler. Der Senat wird mit sechs Staatssekretären aus den verschiedenen Ressorts vertreten sein. Im Beirat sollen sechs Vertreter der Migranten sitzen. Diese sollen sich für eine Wahlperiode von zwei Jahren von einem Gremium wählen lassen.

Genau hier ist der Knackpunkt: Wer soll die Migrantenvertreter wählen und wie sollen sie gewählt werden? Die große Frage ist ja immer, wie sollen sich Vertreter der Migrantinnen und Migranten legitimieren? Es soll eine demokratische und transparente Wahl stattfinden. Der Berliner Senat hat den Weg gewählt, dass die Vereine, die laut § 46 der Gemeinsamen Geschäftsordnung II bei der Anhörung von „Ausländerverbänden" im Abgeordnetenhaus registriert sind, wählen dürfen. Das heißt, „Vereine von Ausländern", die sich bei der Senatsverwaltung für Inneres registrieren lassen, um im Abgeordnetenhaus zu ihrem jeweiligen Thema angehört zu werden, machen die Wählerschaft aus. Diese Vereine werden vom Migrationsbauftragten aufgefordert, am Wahlverfahren teilzunehmen und Kandidaten vorzuschlagen. So werden in einer Wahlversammlung sechs Vertreter und sechs Stellvertreter der Migrantinnen und Migranten in den Landesbeirat für Migrations- und Integrationsfragen gewählt.

Die nächste Frage war, wie sichergestellt werden kann, dass die verschiedenen Regionen der Erde vertreten sind. Nach einigen öffentlichen Protesten, bei denen einige Regionen sich überhaupt nicht vertreten fühlten, z.B. Afrika, ergab sich eine neue regionale Aufteilung in sechs Regionen. Die sechs Vertreter werden nach folgendem Schlüssel gewählt: jeweils ein Vertreter für die Regionen „Europäische Union", „Europa außerhalb der Europäischen Union", „Türkei", „Naher und Mittlerer Osten, Pakistan, Indien", „Fernost, Afrika, Süd-, Mittel- und Nordamerika" sowie eine Vertreter ohne regionale Quotierung.

Der Berliner Senat bekräftigte in späteren Veröfflichungen das Ziel des Landesbeirats. Der Beirat soll demnach die „Kooperation" zwischen Senat und Migrantenverbänden verbessern und die „Kompetenzen bündeln", um die Migrantinnen und Migranten am politischen Entscheidungsprozess zu beteiligen, um deren „Partizipation" zu gewährleisten. Und dies soll auf „Augenhöhe" geschehen.

In der dritten Wahlperiode wurden die Proteste der Migrantenvertreter immer lauter, dass der Senat seine eigenen Versprechen nicht einhalte. Spätestens hier wurde deutlich, dass die Zusammenarbeit im Beirat nicht so funktioniert, wie die Senatorin es nach außen darstellte. In einem Memorandum stellten die Vertreterinnen und Vertreter der Migranten fest, dass die Staatssekretäre immer seltener an den ca. vier mal im Jahr stattfindenden Beiratssitzungen teilnahmen. Das fassten einige Migrantenvertreter so auf, dass die Staatssekretäre den vom Senat angekündigten Stellenwert des Beirats bzw. das Thema „Migration und Integration" für nicht so wichtig erachten. Nach dem Protest schien sich aber die Beteiligung der Staatssekretäre zu verbessern.

Ein weiteres Problem ergab sich aus der Zusammenarbeit zwischen den Mitarbeitern der Senatsverwaltung und den Vertretern der Migranten. Es ging darum, dass die Mitarbeiter der Senatsverwaltung in den Arbeitsgruppen des Beirats sehr sporadisch vertreten waren. Für die Migranten sind die Arbeitsgruppen der eigentliche Ort des Dialogs und Austauschs. Wenn aber die Verwaltungsseite fehlt, ist ein aktiver Dialog nicht mehr möglich. Auf der Verwaltungsseite machten einige Mitarbeiter regelmäßig mit, andere wiederum wollten punktuell eingeladen werden, wenn die Themen ihres jeweiligen Ressorts angesprochen werden. Es gab auch welche, die die Arbeitsgruppen kategorisch ablehnten. Das Merkwürdigste war aber, dass die Senatsverwaltungen ihre Rolle in den Arbeitsgruppen als Berater sahen, d.h. die Migrantenvertreter im Beirat wurden in den Arbeitsgruppen von Mitarbeitern der Senatsverwaltung beraten, die eigentlichen Berater (die Beiratsmitglieder) wurden also beraten. Dies lehnten die Migranten als sinnlos ab. Auch die Nichtteilnahme der Senatsverwaltung aus Kapazitätsgründen war für die meist ehrenamtlichen Migrantinnen und Migranten nicht nachvollziehbar.

Die Migranten fordern in dem Memorandum auch ein eigenes Budget für den Beirat, wie es bei anderen Landesbeiräten üblich ist, wie z.B. dem Berliner Familienbeirat, der jährlich mit ca. 300 000 Euro ausgestattet ist. Das Geld soll dafür verwendet werden, z.B. Informationsmaterial oder Broschüren zu erstellen, Fachtagungen zu relevanten Themen zu veranstalten sowie Öffentlichkeitsarbeit zu betreiben.

Die größte Aufruhr löste die Forderung der Migranten aus, dass ein Migrantenvertreter die Rolle des stellvertretenden Vorsitzenden des Beirats einnehmen solle. Es kam prompter und harter Widerspruch gegen diese Forderung von mehreren Senatsverwaltungen mit dem Argument, der Landesbeirat könne nur von Vertretern des Senats geleitet werden, sonst sei dies gesetzeswidrig. Es wurden hausinterne juristische Gutachten erstellt, um das zu beweisen (von den Senatsverwaltungen für Justiz und Inneres, aber auch von der Senatsverwaltung für Integration, Arbeit und Soziales). Alle kamen zu dem Ergebnis, dass die Exekutivrechte nicht auf ein Nichtmitglied des Senats übertragen werden dürfen. Das Problem ist, dass der Beirat de facto einen Prüfauftrag an die Verwaltung geben und Empfehlungen aussprechen kann. Da dies nun mal Rechte der Exekutive sind, darf der Beiratsvorsitz ausschließlich von Senatsvertretern ausgeübt werden, d.h., wenn der Beiratsvorsitzende ein Nichtsenatsmitglied wäre, müsste der gesamte Beirat auf dieses Privileg verzichten. So war die Position des Senats damals. In der ersten Wahlperiode war dies eine Staatssekretärin und im Zuge der Aufwertung des Beirats wurde der Vorsitz von der Senatorin übernommen. Vor Beginn der vierten Wahlperiode entschied der Senat aber plötzlich, doch eine Stellvertretung aus den Reihen der Migrantinnen und Migranten zuzulassen.

Divide et empera

In der dritten und vierten Wahlperiode, in denen sich der Beirat mit wichtigen Vorhaben befasste, wie z. B. der Realisierung des Landesaktionsplans gegen Rassismus und ethnische Diskriminierung sowie des Integrations- und Partizipationsgesetzes, wurde klar, dass die Regierungsseite, vor allem die Senatsverwaltung für Integration, Arbeit und Soziales kritische Stimmen aus den Reihen der Migrantenvertreter nicht mehr duldete und mit aller Härte entgegenwirkte. Es begann eine deutliche Spaltung zwischen den Migrantenvertretern, zwischen denjenigen, die direkt oder indirekt Zuwendungen des Senates empfangen oder denen ein aussichtsreicher Listenplatz bei der Partei Die Linke versprochen wurde, und unabhängigen Migrantenvertretern. Es war in der Tat so, dass diejenigen Migrantenvertreter bzw. deren Vereine, die Senatsgelder erhalten, nicht nur weniger kritisch wurden, sondern besonders aggressiv kritische Migranten angriffen. Das wäre auch insoweit verständlich gewesen, als die Existenz einiger Vereine und der Lebensunterhalt von Personen direkt aus der Staatskasse stammt. De facto heißt das, dass die gleichen Migrantenvertreter, die an dem einen Tag die harte politische Auseinandersetzung im Beirat austragen, an einem anderen Tag neben der gleichen Person aus der Verwaltung sitzen, die ihre Zuwendungsanträge genehmigt. Da wäre z. B. der Migrationsbeauftragte, ein Angestellter der Senatsverwaltung für Soziales, er ist aber auch gleichzeitig der Geschäftsführer des Beirats, der auch über die Vergabe eines Teils des Geldes entscheidet: Er sitzt am längeren Hebel. Er und seine Mitarbeiter waren auch diejenigen, die in einer rechtsstaatlich sehr bedenklichen Art versuchten, die Wahl von unabhängigen Kandidaten zum Beirat zu verhindern, indem sie Migrantenvereine kontaktierten und Absprachen zur Verhinderung von Kandidaturen unabhängiger Kandidaten zum Beirat machten.

Keine Transparenz

Es kristallisierte sich langsam heraus, dass eine kritische Auseinandersetzung im Beirat nicht mehr möglich ist, vor allem gegenüber der Senatsverwaltung für Integration, Arbeit und Soziales, wo die zuständige Senatorin, die den Vorsitz innehat, immer aggressiver und dreister auf kritische Stimmen reagierte und Entscheidungen im Vorfeld nur mit wenigen Migrantenvertretern getroffen wurden.

So z.B. der Entwurf des Partizipationsgesetzes, der im Beirat besprochen und am Ende derart verwässert wurde, dass er eigentlich unakzeptabel ist. Aber gerade dieses soll im Wahljahr 2011, in dem das Berliner Abgeordnetenhaus neu gewählt wird, als großer Wurf verkauft werden, um die gescheiterte Integrationspolitik zu kaschieren. Es wurden diejenigen Migranten eingespannt, die finanziell senatsabhängig sind oder denen gute Listenplätze in den Parteien versprochen wurden, um den Gesetzentwurf gegenüber der Öffentlichkeit und kritischen Politikern zu loben und zu vermitteln. The rest is history.

Das zweite Beispiel, bei dem viel manipuliert wurde, ist das vom Beirat verabschiedete Vorhaben zur Erstellung eines Landesaktionsplans gegen Rassismus und ethnische Diskriminierung (LAPgR). Der Beirat beschloss, dass der LAPgR in Zusammenarbeit mit der Zivilgesellschaft erstellt werden soll, und zwar in einem transparenten, demokratischen und inklusiven Prozess, an dem die Zivilgesellschaft breit beteiligt werden soll. Es kam aber ganz anders. Entgegen des Beschlusses wurde einem einzigen Verein diese Aufgabe übertragen. Dieser Verein lud zu einer Alibiveranstaltung zur Erstellung der NGO-Perspektive des LAPgR ein. Es kamen auch viele und gaben wertvolle Inputs. An Ende kam heraus, dass Vertreter dieses Vereins mit den zuständigen Senatsstellen klammheimlich manche Inhalte der NGOs zugunsten des Senats manipuliert hatten.

Ein Beispiel: Bei der o.g. Alibiveranstaltung befasste sich eine der Arbeitsgruppen mit dem Thema Polizei. Die Experten stellten gut ausgearbeitete Forderungen an die Polizei. Da die Polizei aber erfahrungsgemäß Forderungen der Zivilgesellschaft meistens ablehnt, stellte die AG eine kleine Liste von „Essentials" zusammen, die die Polizei in Betracht ziehen muss. Prompt hatte die Innenverwaltung als einzige Verwaltung sämtliche Forderungen der Zivilgesellschaft komplett abgelehnt. Genau für diesen Fall hat die AG Polizei eine Minimalforderung aufgestellt, derzufolge Voraussetzung für die Zusammenarbeit ist, dass die beteiligten Experten nicht bedingungslos ihren Namen für den LAPgR hergeben, falls die Polizei alle ihre Forderungen verwirft. Sie lautete:

Originaltext der AG Polizei
„Die an der Erstellung der hier vorliegenden Maßnahmen beteiligten zivil-gesellschaftlichen Akteur_innen verweigern ihre Zuarbeit zum LAP und ent-ziehen damit dem LAP ihre Legitimierung, wenn nicht mindestens folgende Maßnahmen umgesetzt werden:"

Der mit der Erstellung des LAPgR vom Senat betraute Verein manipulierte den obigen Satz zugunsten des Senats so:

Manipulierter Text
„Die an der Erstellung der hier vorliegenden Maßnahmen beteiligten zivil-gesellschaftlichen Akteur_innen sehen die Umsetzung folgender Maßnahmen als unabdingbar:"

Somit wurden Sinn und Wortlaut gefälscht, um eine harmonische Zusam-menarbeit des Senats mit der Zivilgesellschaft vorzutäuschen. Dies löste Empörung und Entsetzen bei Migranten und anderen Minderheiten aus. Sie fühlten sich betrogen. Bei der letzten Alibiveranstaltung zum LAPgR wurde aufgrund des Protests die Originalformulierung der AG Polizei wieder hergestellt – eine peinliche Angelegenheit für den Vorstand des Vereins, der bei seiner eigenen Veranstaltung in Erklärungsnot geriet.

Noch schlimmer protestierten Vertreter der afrikanischen Diaspora und der Schwarzen Community, dass sie bei der Erstellung des LAPgR marginalisiert und bestimmte Migrantencommunities bevorzugt wurden. Sie sehen sich benachteiligt als Minderheit innerhalb der Minderheiten. Sie fanden sich im LAPgR nicht wieder. Ihre Forderungen wurden nicht aufgenommen. Sie fühlten sich auch durch die Wortwahl diskriminiert, z. B. durch den Begriff *People of Color*, der die Bezeichnung „Schwarze" bzw. „Afrodeutsche" relativiere. Nach diesem Begriff können sich auch weiße Europäer auf gleiche Art und Weise als Opfer von Rassismus bezeichnen, wie z. B. Italiener oder Franzosen, wenn sie außerhalb ihres jeweiligen Lan-des leben. Somit entfällt der Bezug von Rassismus zu Sklaverei, Sklaven-handel und Kolonialismus. Es entsteht so die Gefahr, dass alle Formen von Diskriminierung oder Vorurteilen als Rassismus eingestuft werden. Anschließend gaben die Vertreter der afrikanischen Diaspora und der

Schwarzen Community ein scharf formuliertes Statement ab, das auf die Fehlentwicklung des LAPgR und den exklusiven Charakter des Prozesses hinwies. Sie standen vor einem *fait accomplit*, da der LAPgR schon vom Senat verabschiedet war. So wurden auf Kosten kleiner Minderheiten die Interessen des Senats durchgesetzt mit Vertretern von Vereinen, die den größten Batzen der Senatszuwendungen erhalten.

Experiment gescheitert

Ein Projekt mit einer so zukunftsweisenden Einrichtung, Migrantinnen und Migranten am politischen Entscheidungsprozess zu partizipieren, wurde Opfer der Tagespolitik, der Parteipolitik. Der Manipulationsversuch bei der Wahl der Migrantenvertreter zum Beirat seitens der Mitarbeiter der Senatsverwaltung für Integration, Arbeit und Soziales wirft die Frage der Rechtsstaatlichkeit solcher Interventionen auf, die unter den beiden Senatorinnen der Linken stattgefunden haben. Es ist traurig mit anschauen zu müssen, wie der Beirat in der letzten Wahlperiode zu einem Nickverein degradiert wurde, und das gerade von einer rot-roten Koalition, die sich eine ganz andere Politik auf die Fahne geschrieben hat. Schade.

Eine Schwarze deutsche Geschichte und wie sie Wirklichkeit wurde

Tahir Della

Folgender Artikel beschreibt, aus der Sicht eines langjährigen Aktivisten, die Ziele und die Notwendigkeit einer Schwarzen Bewegung in Deutschland, die es sich, neben der Emanzipation Schwarzer Menschen gegenüber der weißen Mehrheitsgesellschaft, zur Aufgabe gemacht hat, die politische Partizipation Schwarzer Bürgerinnen und Bürger zu erwirken und ihre Perspektiven, Lebensentwürfe und Konzepte in diesem Land zu entwickeln. All diese Aspekte sind als Teil des Kampfes gegen Ausgrenzung im Sinne des Empowerment zu betrachten, die einhergehen mit der Positionierung gegen den alltäglichen Rassismus in den verschiedenen Bereichen der Gesellschaft.

Die folgenden Erkenntnisse sind nicht nur die des Autors, sondern spiegeln vielmehr die Diskussionen und Entwicklungen der Schwarzen Community im Gesamten wider.

Ausgangssituation

Nach dem Ende des Ersten Weltkrieges und dem Ende des Deutschen Kaiserreiches haben es die deutschen Nachfolgestaaten erfolgreich geschafft, sich der Verantwortung, die aus der deutschen kolonialen Vergangenheit entstanden ist, zu entziehen. Dies trifft schon für die Weimarer Republik zu, die sich von Anfang an schwer tat, sich vor allem gegenüber den starken nationalen Kräften und deren Weltmachtansprüchen zu distanzieren. Während der NS-Herrschaft wurde alles getan, um die koloniale Vergangenheit zu glorifizieren und die ehemaligen Kolonien „zurück zu holen". Nur dem Kriegsverlauf und der bedingungslosen Niederlage des faschistischen NS-Regime ist es zu verdanken, dass dies nicht zustande kam.

Nach dem Ende des Zweiten Weltkrieges hatten es sich sowohl die DDR als auch die BRD auf die Agenda geschrieben, den Erfahrungen der zurückliegenden Geschichte insofern Rechnung zu tragen, als dass sie allen Versuchen, Deutschland erneut als Weltmacht zu etablieren, eine Absage erteilten und in die Weltengemeinschaft zurückkehrten unter Einhaltung der allgemeinen Menschenrechte.

Trotz dieses Ansinnens haben es beide deutschen Staaten versäumt, die Schäden, die im unmittelbaren Zusammenhang mit den deutschen Verbrechen in ihren Kolonien entstanden sind, zu beheben bzw. sich diesem Teil ihrer Vergangenheit zu stellen. Ein Grund hierfür mag sein, dass nach 1945 etliche Beamte des Außenministeriums des NS-Regime in der jungen Bundesrepublik wieder zu Amt und Würden kamen und somit alte Haltungen wieder im allgemeinen Diskurs ihren Platz einnahmen.

Bis zum heutigen Tag weigert sich das inzwischen wiedervereinte Deutschland, sich für seine Vergehen während der Kolonialzeit zu entschuldigen und dafür eine angemessene Entschädigung zu leisten. Zuletzt wurde dies deutlich, als am 12. Januar 2004 der 100. Jahrestag des Herero-Aufstandes in Namibia begangen wurde. Damals äußerte der deutsche Außenminister, Joschka Fischer, zwar sein Bedauern über den Kolonialkrieg, lehnte jedoch eine offizielle Entschuldigung ab, da diese entschädigungsrelevant wäre für die in den USA anhängigen Schadensersatzklagen der Hereros gegen deutsche Unternehmen und die Bundesrepublik Deutschland.

Die Weigerung, für den Völkermord an den Hereros einzustehen, wird auch damit begründet, dass Deutschland im heutigen Namibia Entwicklungshilfe leiste, dies auch eine Form der Wiedergutmachung sei und weitere Forderungen deswegen überflüssig wären.

Aus diesem Verhalten lassen sich deutliche Parallelen ziehen zwischen der Haltung Deutschlands zu seiner kolonialhistorischen Geschichte und dem gesellschaftspolitischem Umgang mit dem Rassismus in unseren Tagen, der im Übrigen immer noch meist ohne die Einbeziehung Schwarzer Menschen verhandelt wird.

Beiden Phänomenen wird mit Verschleppung, Relativierung und Leugnung offenkundiger Tatsachen begegnet.

Die Geschichte von Afrikanerinnen und Afrikanern und Menschen der afrikanischen Diaspora ist geprägt von kolonialer Gewalt, die mit europäischen Expansionen, Sklavenhandel, Vertreibung und Mord ihren Anfang nahm. Sie ist jedoch zugleich eine Geschichte widerständigen Überlebens,

denn die zahlreichen Kämpfe um die bewusste Bewahrung und vielstim-
mige Neuformulierung kultureller Traditionen brachten in den beiden
Amerikas und in Europa unterschiedliche und dennoch beziehungsreiche
Schwarze Gemeinschaften hervor.

Schwarze Menschen in den Deutschlands der letzten Jahrhunderte

Seit vielen Jahrhunderten leben Schwarze Menschen bzw. Menschen
afrikanischer Herkunft in Deutschland, allerdings ist über ihre Präsenz
bislang nur wenig bekannt. Während sie in der offiziellen Geschichtsschreibung als eigenständige Gruppe kaum auftauchen, dominieren im
öffentlichen Diskurs zumeist stereotype Klischees. Rassistische Bilder-
und Vorstellungswelten sind ein ernstzunehmender Ausdruck historisch
gewachsener Machtverhältnisse innerhalb derer vergangene und gegenwärtige Schwarze Lebenswirklichkeiten verzerrt wurden oder kaum
Eingang in den allgemeinen Diskurs fanden. Werden beispielsweise die
Rassismuserfahrungen Schwarzer Menschen kritisch thematisiert, so finden Schwarze Selbstorganisierung und Widerstand selten Erwähnung, so
geschehen in dem neuesten Buch von Günther Wallraff „Aus der schönen
neuen Welt" oder in der Ausstellung des Historikers Peter Martin über
Schwarze Menschen während der NS-Zeit. Trotz dieser Machtverhältnisse eröffnen sich die Schwarze Communities in Deutschland ihre eigenen
Artikulationsräume immer wieder neu.

Sowohl in historischen und politischen Auseinandersetzungen als auch
in literarischen, musikalischen und künstlerischen Arbeiten kommt dabei
der respektvollen Wertschätzung und Weitergabe von gelebten Erfahrungen eine zentrale Bedeutung zu. Schwarze Menschen erzählen ihre Geschichte aus ihrer Perspektive, und sie sprechen für sich selbst!

Entstehung der jüngeren Schwarzen Bewegung in Deutschland

Wenn heute von der jüngeren Schwarzen Bewegungen gesprochen wird,
so deswegen, weil es auch schon lange vor den gegenwärtig existierenden Initiativen gesellschaftsrelevante Aktivitäten Schwarzer Menschen in
Deutschland gab. In den 20er Jahren des letzten Jahrhunderts beispielswei-

se schlossen sich Schwarze Arbeiterinnen und Arbeiter, Gewerkschafterinnen und Gewerkschafter und Künstlerinnen und Künstler zusammen, um für ihre Rechte und Lebensentwürfe einzutreten.

Circa 60 Jahre später führte der Lehrauftrag von Audre Lord an der Freien Universität Berlin zur Wiederbelebung dieser Tradition. Die afrikanisch-amerikanische Schriftstellerin und Frauenaktivistin lernte 1984 in ihren Vorlesungen Schwarze deutsche Frauen kennen und nahm Kontakt zu ihnen auf. Letztlich ermutigte Lord diese Frauen, ihre persönlichen Geschichten und damit die Geschichte der Schwarzen Diaspora in Deutschland aufzuschreiben und somit der einseitig weißen Geschichtsschreibung ein eigenständiges Bild entgegenzusetzen. Im Zuge dessen entstand das Buch „Farbe bekennen", das zu den ersten Zeugnissen Schwarzer Selbstdarstellung in Deutschland zählt und zugleich der Startpunkt einer Erfolgsgeschichte war, die vorher wohl kaum jemand für denkbar hielt.

Es entstand eine Bewegung von Schwarzen Deutschen und Menschen afrikanischer Herkunft, die aus jahrzehntelanger, erlebter Isolation ausbrechen wollten und/oder mussten und dabei nach selbstbestimmten Definitionen ihres Daseins und nach eigenen, ihnen angemessenen Lebensentwürfen suchten. Der Begriff „Schwarze Deutsche", ebenso wie der Begriff „Afro-Deutsche" sind Eigenbezeichnungen, die in den Anfängen der sich in den 8oer Jahren formierenden Schwarzen Bewegung geprägt wurden und sich durchsetzten. Sie lösten sämtliche bis dato gängigen diskriminierenden Bezeichnungen der Mehrheitsgesellschaft ab und erlauben seither die Bezeichnung und Ausformung eines menschenwürdigen (Selbst-)Bildnisses Schwarzer Menschen in Deutschland. In diesem Zusammenhang ist zu erwähnen, dass das groß geschriebene „Schwarz" hier seine Begründung findet. Schwarz steht in diesem Kontext für eine Eigen- und nicht für eine Farbbezeichnung, die ihren Ursprung nicht in einer wie auch immer gearteten geografischen, biologischen oder kulturellen Herkunft hat, sondern ist als politisches Statement zu verstehen.

Unter dem Namen ISD (damals noch „Initiative Schwarze Deutsche", heute „Initiative Schwarze Menschen in Deutschland") entstanden in Städten wie München, Stuttgart, Freiburg, Hamburg, Hannover, Berlin, großen Teilen Nordrhein-Westfalens und in der Rhein-Main-Region lokale Initiativen, die jede für sich an der Leitidee, Freiräume für Schwarze Menschen zu schaffen, arbeiteten und dabei nach und nach ihre Lebenszusammenhänge und ihre Perspektiven und Aspirationen veränderten.

In den folgenden Jahren wuchs die Bewegung um Menschen und Inhalte und bald wurde klar, dass eine eigenständige Plattform für Schwarze Menschen in Deutschland unumgänglich ist, wenn es um die Bearbeitung von Themen wie Rassismus gegen Schwarze Menschen geht. Die Schwarze Perspektive in den allgemeinen Diskurs einzubringen, war und ist ein zentrales Anliegen der ISD und von ADEFRA (Schwarze deutsche Frauen und Schwarze Frauen in Deutschland e. V.), einer Schwesterorganisation der ISD, und aller anderen Schwarzen Gruppen und Initiativen, die in den letzten fünfundzwanzig Jahren entstanden. (ISD und ADEFRA sind historisch gesehen gleichzeitig entstanden und wurden 1985/86 ins Leben gerufen.)

Neben der Notwendigkeit eines bundesweiten Verbandes, der die Interessen Schwarzer Menschen in Deutschland vertritt, ist die Vernetzung fester Bestandteil der ISD-Arbeit. Hierbei geht es vorrangig um die Förderung von Projekten und Initiativen Schwarzer Menschen und darum, diese in der Community bekannt bzw. zugänglich zu machen. So wurden Anfang der 90er in zahlreichen Städten nach den Übergriffen auf Schwarze Menschen Demonstrationen von der ISD und anderen Gruppen organisiert, die sich gegen den wachsenden Rassismus im wiedervereinigten Deutschland richteten.

Die ISD versteht sich somit weniger als alleinige Vertreterin Schwarzer Menschen, sondern vielmehr als Teil der Community mit ihren zahlreichen Gruppen, Initiativen und Projekten. Es ist deshalb auch wichtig, darauf hinzuweisen, dass neben der ISD Gruppen und Zusammenschlüsse Schwarzer Menschen entstanden, die ebenfalls für die Belange der Schwarzen Community-Mitglieder eintraten und bis heute eintreten.

Besonders hervorzuheben sind hier jene Gruppen, die von Flüchtlingen, die aus verschiedenen Ländern Afrikas nach Deutschlands kamen, organisiert werden. Gruppen wie die African Refugee Association (ARA), The Voice und Karawane, die ähnlich wie ISD und ADEFRA in den meisten deutschen Großstädten zu finden sind, setzen sich für die Umsetzung der Menschenrechte gegenüber der Personengruppe der Flüchtlinge ein und mobilisieren in regelmäßigen Abständen Kampagnen gegen Abschiebungen, Übergriffe durch Staatsorgane, Rechtsradikale und gegen die Residenzpflicht.

Besonders das Gesetz der Residenzpflicht ist ein Kennzeichen der ungleichen Behandlung von Flüchtlingen, die aus afrikanischen Ländern kommen und Flüchtlingen aus anderen Ländern. Die im Asylverfahrensgesetz geregelte Residenzpflicht besagt, dass sich Flüchtlinge nur in dem ihnen zugewiesenen Bezirk aufhalten bzw. bewegen dürfen und es lässt sich leicht vorstellen, welchen Personen dieses Gesetz bei Kontrollen am schnellsten zum Verhängnis wird.

Auch auf diesem Feld unterstützen die Aktivistinnen und Aktivsten der ISD und der ADEFRA die oben genannten Gruppen in solidarischer Zusammenarbeit. Nicht nur, weil es bei der „Behandlung" von Flüchtlingen durch staatliche Behörden immer wieder zu Menschenrechtsverletzungen kommt, die offenkundig rassistisch motiviert sind, sondern weil Schwarze Menschen, die aus ihren Herkunftsländern flüchten mussten, inzwischen fester Bestandteil der Schwarzen Gemeinschaft sind und sich aktiv inhaltlich an der Community-Arbeit beteiligen.

Ausblick

Es ist auch nach zwanzig Jahren nach erfolgreicher Community-Arbeit nicht gelungen, einen gemeinsamen Dachverband für Schwarze Menschen in Deutschland zu etablieren und deshalb wird es für die Zukunft nicht unerheblicher Arbeit bedürfen, sich weiter zu vernetzen, um eine politische Partizipation im öffentlichen Diskurs zu erreichen. Die Initiative Schwarze Menschen in Deutschland hat sich inzwischen in Form von „ISD-Bund e. V." zu einem Ansprechpartner entwickelt, der bei Fragen, die für die Schwarze Community von Relevanz sind, von den Medien, Parteien und gesellschaftlichen Gruppen immer wieder angefragt wird, bei Diskussionen innerhalb der Community nicht wegzudenken ist und darüber hinaus als Tool genutzt wird, um Projekte und Initiativen der Community voranzubringen. Projekte wie das Jugend-Theater „Young Stars *" oder die Aktivitäten rund um den Black History Month in Hamburg und Berlin sind da nur ein paar Beispiele, die zeigen, wie wichtig die ISD für die Communitiy geworden ist.

Doch trotz dieses Engagements ist es auch diesem Verband bisher nicht gelungen, große Teile der Schwarzen Community zusammenzuführen, was unter anderem daran liegen mag, dass ISD-Bund nach wie vor ein zwar bundesweiter aktiver Verein ist, der seine Aktivitäten aber auf ehrenamtlicher Basis abwickelt und der gestützt durch Aktivistinnen und Aktivisten in der Community wirkt – und bei all dem ohne effektive Infrastruktur wie Büros und feste Mitarbeiterinnen und Mitarbeiter auskommen muss.

Trotz dieser Struktur ist es möglich, bei den diversen Kampagnen der Schwarzen Community mitzuwirken, wie z. B. der Oury-Jalloh-Kampagne, die den Tod eines Flüchtlings in einer Dessauer Polizeidienststelle zum Gegenstand hatte.

Wie wichtig eine solche politische Einmischung ist, zeigen auch die Urteile und die daraus resultierenden Kampagnen im Fall von N'deye Mareame Sarr, die in Aschaffenburg durch eine Kugel aus einer Polizeiwaffe starb oder im Bremer „Brechmittelprozess", der den Tod eines mutmaßlichen Drogendealers behandelte, der durch ihm verabreichte Brechmittel zu Tode kam. In all diesen Fällen sind Schwarze Menschen durch staatliche Organe zu Tode gekommen bzw. in Polizeigewahrsam gestorben. Zwar hat die Schwarze Community erreicht, dass die Öffentlichkeit auf diese Fälle aufmerksam gemacht wurde und dass im Fall des Oury Jalloh der Skandal vor Gericht kam, trotzdem konnte nicht genug Druck auf die staatlichen Organe ausgeübt werden, um zu befriedigenden Ergebnissen zu kommen.

Das lag vor allem daran, dass die Verantwortlichen entweder freigesprochen wurden, so im Falle Oury Jalloh oder, wie im Falle N'deye Mareame Sarr, von einem Verfahren gegen den Beamten, der den tödlichen Schuss abgegeben hat, abgesehen wurde. Im Falle Oury Jalloh wurde im Übrigen Anfang 2010 der Freispruch gegen die verantwortlichen Beamten vom Bundesgerichtshof (BGH) aufgehoben und an das zuständige Gericht in Magdeburg zurückverwiesen.* Der BGH begründete seine Entscheidung unter anderem damit, dass die Angehörigen von Oury Jalloh das Recht auf ein rechtsstaatliches Verfahren haben und dass die Abläufe bzw. die Umstände, die zu Jallohs Tod geführt haben, aus seiner Sicht nicht so gewesen sein können, wie sie im ersten Verfahren in Dessau geschildert wurden. „Es wird ein Sachverhalt beschrieben, der nur schwer nachvollziehbar ist", so der BGH in seiner Begründung. Es stellt sich folgerichtig die Frage, ob die Verantwortlichen die Wahrheit gesagt haben oder ob wichtige Einzelheiten zum Zwecke der Vertuschung zurückgehalten wurden. Oder um es mit den Worten des zuständigen Richters zu beschreiben, der den ersten Prozess für gescheitert erklärte: Das Gericht habe „nicht die Chance gehabt, das, was man ein rechtsstaatliches Verfahren nennt, durchzuführen". Und weiter: „Polizeibeamte hätten im Zeugenstand „bedenkenlos und grottendämlich" falsch und unvollstän-

---

* Es ist ein Verdienst der „Initiative Oury Jalloh", dass das Urteil gegen die verantwortlichen Beamten vom BGH aufgehoben wurde und an das zuständige Gericht zurückverwiesen hat.

dig ausgesagt, die Freisprüche für die beiden Angeklagten beruhten nicht
darauf, „dass wir herausgefunden hätten, was sich am 7. Januar 2005 im
Polizeirevier Dessau abgespielt hat".

Im Rahmen der Kampagne gegen das so genannte „African Village" im
Jahr 2004, einem Event im Augsburger Zoo, der eher an eine Völkerschau
aus dem vergangenen Jahrhundert erinnerte, als an ein Afrika-Festival,
artikulierte die Schwarze Community ihren Unmut über die koloniale
Darstellung Schwarzer Menschen.

Auch die Beteiligung einzelner Schwarzer Aktivistinnen und Aktivisten an politischen Prozessen, wie der Erarbeitung und Einführung des Allgemeinen Gleichbehandlungsgesetzes (AGG) geben einen Ausblick auf die
Möglichkeiten eines Dachverbandes und die Teilhabe an den politischen
Prozessen in diesem Land. Die Gründung des Afrika-Rats, ein Netzwerk
und Interessenszusammenschluss von Organisationen, Vereinen und Initiativen der afrikanischen Diaspora in Berlin und Brandenburg sowie die
Bildung ähnlicher Verbände lassen die Notwendigkeit Schwarzer politischer Partizipation erkennen.

Parallel zu den nationalen Bemühungen bei der Vernetzung Schwarzer Menschen entwickelt sich inzwischen auch die Zusammenarbeit der
Schwarzen Gemeinschaft in Deutschland mit internationalen staatlichen
Zusammenschlüssen. So hat beispielsweise die Afrikanische Union 2003
zusätzlich zu den bereits existierenden fünf Regionen auf dem afrikanischen Kontinent die „sechste" Region begründet, die der afrikanischen
Diaspora die Möglichkeit gibt, für ihre Ziele und Projekte die Unterstützung der afrikanischen Staaten zu nutzen.

Die vor allem in Deutschland fruchtbaren Aktivitäten bei dieser Zusammenarbeit zwischen der Diaspora und dem afrikanischen Kontinent
zeigen sehr deutlich, wie groß die Potenziale sind und dass es nur eine
Frage der Zeit ist, bis es zu einer starken Partizipation der Schwarzen Gemeinschaft am politischen Geschehen in Deutschland kommen wird. Nur
wenn dies erreicht wird, besteht die Chance auf eine nicht rassistische Gesellschaft, in der die Schwarze Bevölkerung ihre Lebensentwürfe umsetzen kann und die auf einem fairen Miteinander beruht.

Deutschland, Vaterland, Stiefvaterland!
Von der symbolischen Politik zur politischen Wirklichkeit

Natasha A. Kelly

Während der Fußballweltmeisterschaft 2006 versank Deutschland in ein schwarz-rot-goldenes Fahnenmeer. War dies das Ergebnis der vorangegangenen Social-Marketing-Kampagne „Du bist Deutschland"? Oder täuschten die Fahnenschwenker über fehlendes politisches Handeln hinweg und/oder versuchten sie ihr nur mäßiges politisches Wissen zu kompensieren? Und überhaupt: Wer stand am Ende der Fahnenstangen – der „Deutschdeutsche", der „Andersdeutsche" oder der „Nichtdeutsche"? Deutschland des 21. Jahrhunderts: facettenreich und farbenfroh. Doch wie sieht die politische Realität hierzulande eigentlich aus?

Der Zeigefinger der Medienindustrie zeigte auf dich und dich und mich: „Du bist Deutschland!" lautete das Motto der größten Social-Marketing-Kampagne der deutschen Mediengeschichte. Mehr als 17 Millionen Zuschauer sahen nahezu synchron den zweiminütigen TV-Spot zur Patriotismus-Kampagne, in der insgesamt 40 deutsche und „nichtdeutsche" Deutsche gemeinsam für mehr Deutschsein aller Mitbürger warben:

> „[...] Mag sein, du stehst mit dem Rücken zur Wand oder mit dem Gesicht vor einer Mauer. Aber einmal haben wir schon gemeinsam eine Mauer niedergerissen. Deutschland hat genug Hände, um sie einander zu reichen und anzupacken. Wir sind 82 Millionen. Machen wir uns die Hände schmutzig! Du bist die Hand. Du bist 82 Millionen. Du bist Deutschland. [...]"[1]

---

[1] Im Rahmen der Aktion „Partner für Innovation", in der sich 24 Unternehmen, Verbände, Organisationen und Institutionen engagierten, wurde vom 26. 09. 2005 bis zum 31. 01. 2006 eine auf „positives Denken" und auf ein „neues deutsches Nationalgefühl" zielende überparteiliche und politisch unabhängige Werbekampagne initiiert. In deren Zentrum stand ein zweiminütiger TV-Spot, der zum Auftakt auf allen Kanälen nahezu zeitgleich ausgestrahlt wurde. Parallel dazu wurde die Website www.du-bist-deutschland.de freigeschaltet. Für die Gestaltung und Umsetzung der Kampagne waren die Bertelsmann AG sowie die

In Not-, Krisen- und Umbruchzeiten greift die Frage „Wer oder was ist deutsch?" um sich. Dass sie in jüngster Vergangenheit wieder laut wurde, deutet darauf, dass die Deutschen sich inmitten schlechter Zeiten befinden. Kein Zweifel: Der Verlust der Deutschmark als nationale Kennzeichnung und noch dazu, ohne als Volk mitbestimmen zu dürfen, die Maueröffnung und die damit einhergehende Ökonomisierung des Ostens (um an dieser Stelle nur zwei Beispiele zu nennen) veranlassten diverse Medienunternehmen und -institutionen die Initialzündung einer Bewegung für mehr Zuversicht und Eigeninitiative in Deutschland loszulösen. Ihre nichtkommerzielle Aktion zielte darauf ab, für demokratische Werte und ein positives Selbstbewusstsein einzutreten, um auf diese Weise das Selbstbild Deutschlands zu stärken:

> „Du bist das Wunder von Deutschland. […] Unrealistisch, sagst du? Und warum feuerst du dann deine Mannschaft im Stadion an, wenn deine Stimme so unwichtig ist? Wieso schwenkst du Fahnen, während Schumacher seine Runden dreht? Du kennst die Antwort: Weil aus deiner Flagge viele werden und aus deiner Stimme ein ganzer Chor. Du bist von allem ein Teil. Und alles ist ein Teil von dir. Du bist Deutschland. […]"

Nach dem Zweiten Weltkrieg war der Umgang mit den Deutschen, zu ihrer Nationalflagge und dem Prädikativ „deutsch" getrübt. Anlässlich der Fußball-Weltmeisterschaft 2006 konnte zum ersten Mal in der deutschen Nachkriegsgeschichte ein massenhaftes Auftreten der Trikolore und ihrer Farben an Häusern, Autos, Bekleidung etc. beobachtet werden – Farben, die seit Anfang des 19. Jahrhunderts ein Symbol für die Einigung Deutschlands waren. Neu war es jedoch, die deutsche Afrikanerin in den deutschen Farben gehüllt zu sehen, ihre dunkle Haut geschminkt mit den Farben deutscher Demokratie. Sollten die Deutschen die Werbebotschaft „Du bist Deutschland" wörtlich genommen haben? Oder wurden diese Bilder zur Vortäuschung einer politischen Scheinrealität instrumentalisiert?

„Du bist Deutschland!". Und ich bin Ausländer. Aber halt! Um *political correct* (politisch korrekt) und *up-to-date* (auf dem Laufenden) zu sein, muss ich ja neudeutsch „Migrant" sagen. Denn wir sind ja nicht mehr „ausländisch", heißt es, sondern „inländisch" – um an dieser Stelle das Resultat der

---

Werbeagenturen Jung von Matt/Alster (Kreation und Umsetzung der Webseite) und kempertrautmann (strategische Entwicklung) verantwortlich.

Zuwanderungs-Einwanderungs-Debatte aufzuführen. „Bildungsinländerin" heißt es anderswo, womit erneut das „Nichtdeutschsein" unterstrichen wird, denn schließlich habe ich keinen deutschen Pass. Doch es geht nicht um den Pass. Es geht um das Land. Also: Bin ich Deutschland? Ich träume deutsch, ich fühle deutsch, ich denke deutsch, ich schreibe deutsch, ich spreche deutsch. Die deutschen Dichter und Denker haben mich geprägt. Meine erste Fibel: deutsch. Kinderlieder: deutsch. Liebesbriefe: deutsch. Und das alles ohne Deutsche zu sein. Kann ich Deutschland sein?

> „[...] Dein Wille ist wie Feuer unterm Hintern. Er lässt deinen Lieblingsstürmer schneller laufen und Schumi schneller fahren. Egal wo du arbeitest. Egal welche Position du hast. Du hältst den Laden zusammen. Du bist der Laden. Du bist Deutschland. [...]"

Schon oft wurde nach der Eigenart dessen gesucht, was in einem spezifisch kulturellen Sinn als „deutsch" gilt. Zweifelsohne stößt man dabei auf eine Vielfalt, die gesamtgeschichtlich als Agens des Pluralismus gewirkt hat: die deutsche Sprache. Sie konstituiert(e) deutsche Nation, so dass auch gegenwärtig jedem „Andersdeutschen" per Gesetzeskraft auferlegt wird, die deutsche Sprache zu erlernen. Wer sich also um die „Mitbürgerschaft" in Deutschland bewirbt, muss sich erst einmal als Deutscher qualifizieren und den leitkulturpolitischen Einbürgerungstest bestehen. Denn die deutsche Sprache wird im Vaterland als Muttersprache geschätzt, die als eigenständige Kultursprache vor dem Verdrängen durch das Englische geschützt werden muss.

Einbürgerungswillige legen somit ohne zu zucken 25 Euro auf den Tisch und kreuzen in einem Katalog von Fragen danach, was denn nun deutsch sei, mindestens 17 richtige Antworten an – vorausgesetzt die als richtig vorgesehenen Antwortoptionen sind auch richtig. Die Qual der Wahl hat derjenige nicht, der sich auf das im reformierten Staatsangehörigkeitsgesetz festgelegte Blutsrecht berufen kann; ein Gesetz, das auf dem Reichs- und Staatsangehörigkeitsgesetz aus dem Jahr 1913 fußt, seinerzeit diktiert, um das zu verhindern, was heute erneut von Nöten wäre, nämlich eine staatsrechtliche Gleichstellung der „Ausländer" und „Inländer" – womit wir bei der politischen Realität angekommen wären: Während sich der Inhalt staatsmännischer Debatten vormals um den „guten" oder „schlechten" Deutschen drehte, wird heute gestritten, wer denn ein „guter" oder „schlechter" Ausländer(Schrägstrich)Migrant sei. Das zivilisatorische

Recht, das in vielen anderen europäischen Ländern vorherrscht, bewegt
Deutschland lediglich dazu, seine „Mitbürger" anstatt seine „Bürger" zu
definieren. Die Folge: Eine „Mitbürgerschaft" wird angestrebt und zwar
auf Umwegen, sei es durch eine deutsche Heirat oder die Geburt eines
deutschen Kindes. Was fehlt, ist die reale Möglichkeit zuzuwandern und
als gleichwertiges Mitglied der deutschen Gesellschaft dazuzugehören.

Gleichsam wird deutsch wie selbstverständlich mit weiß gleichgesetzt.
Da Weiße sich allerdings nicht (öffentlich) über ihre Hautfarbe identifizieren, kommt die Frage nach der Rolle des Weißseins in Deutschland gar
nicht erst auf. Und wenn doch, wird ihre Entstehungs- und Ermächti-
gungsgeschichte verschleiert oder gar vergessen. Zwar ist die Vorstellung
vom blonden, blauäugigen Deutschen längst überholt und das Staatsbür-
gerschaftrecht reformiert, dennoch bleiben „Schwarz" und „deutsch" – wie
es bei Schwarzen Deutschen aufeinandertrifft – unvereinbare Kategorien,
die eine Nichtdazugehörigkeit implizieren. Demnach findet der Schwarze
Deutsche sich wieder einmal am Ende der Hierarchieskala wieder, denn
es sind die phänotypischen Merkmale, die die vermeintliche Herkunft
und das Nichtdeutsche für jedermann offensichtlich machen. Die Tatsache,
dass das Schwarzsein wie auch das Weißsein in der sozialen Dimension
konstruiert wird und sich beides nicht ausschließlich auf Hautfarben bezieht, bleibt unsichtbar und unreflektiert und ermöglicht beispielsweise
die rechtsextreme Versinnlichung von „weiß" als nationalistische Kennzeichnung Deutschlands, womit Rassismus und nicht zuletzt Rechtsextremismus einhergehen. Einigkeit und Recht und Freiheit – schließen diese
Prinzipien Menschen der afrikanischen Diaspora in Deutschland mit ein
oder ist ihr Leben vielfach durch Uneinigkeit, Unrecht und Fremdbestim-
mung geprägt?

Verlassen wir aber an dieser Stelle das deutsche Vaterland und kehren
zur Ausgangsfrage zurück, nämlich wer oder was ist deutsch? – oder anders gefragt: Wer oder was ist Deutschland? Die Tatsache, dass während
der Fußball-Weltmeisterschaft nicht ausschließlich „Deutschdeutsche" am
Ende der Fahnenstangen standen, zeigt wohl, dass das Gefühl der Heimat
weniger davon abhängt, dass man seinen Mitmenschen äußerlich gleicht.
Vielmehr wird es durch die Kultur, in und mit der man aufgewachsen
ist, geweckt. „Nichtdeutsche" oder „Andersdeutsche", die in Deutschland geboren und/oder sozialisiert wurden und sich zum Deutschsein
bekennen, liegt es demnach wahrlich fern, eine andere als die deutsche
Fahne zu schwenken.

Und Deutschland? Wer bist du? Vater der weißen privilegierten Masse und Stiefvater der dir zugelaufenen Kinder? Bist du das Land, dem stets eine biologisierte und somit rassi(sti)sche Blutsdefinition zugrunde liegt? Oder definierst du dich durch die Abgrenzung von dem, was du nicht bist? Festzuhalten bleibt, dass deine politische Realität in seiner ganzen Komplexität für die Mehrheit der Bevölkerung weder einsehbar noch direkt erfahrbar ist. Mediendarstellungen in Form von Symbolen und Farben und projizierten Denkschemata werden lediglich zur allgemein akzeptierten Vorstellung einer politischen Wirklichkeit, während die Szenerie politischen Handelns stets wechselt zwischen Deutschland, dem Vaterland und dem Stiefvaterland.

Sozialisation und politische Partizipation – oder „Say it loud, I'm black and I'm proud"

Sipua Ngnoubamdjum

Irgendwann Ende der achtziger Jahre im vergangenen Jahrhundert habe ich in einem Hamburger Kulturzentrum eine Zeitschrift in die Hand gedrückt bekommen. „Schau dir die Zeitschrift doch mal an. Und wenn Du Lust hast, dann komm einfach zu unserem Treffen …"[1]

Einige Jahre später war mein Leben geprägt von Mitgliederversammlungen und Meetings, öffentlichen Veranstaltungen und öffentlichkeitswirksamen Aktionen. Private Interessen traten in den Hintergrund und strategische Überlegungen wurden zum Leitmotiv der jeweiligen Entscheidungsalternativen.

Internationale Kontakte und ein weltweites Netz an politischen Aktivistinnen und Aktivisten haben mir recht schnell auf ganz konkrete Art und Weise verschiedene Formen der Macht und Ohnmacht vor Augen geführt. Und nur eine klare Positionierung konnte mich davor bewahren, in dem Geflecht von rassistischen Strukturen, wirtschaftlichen Zwängen, geopolitischen Strategien und wissenschaftlichen Traditionen jegliche Orientierung zu verlieren.

„Say it loud, I'm black and I'm proud"[2]

Wahrscheinlich wurde mir der Weg zu diesem Statement schon in meiner Kindheit geebnet. Eine Kindheit, in der natürlich auch ich auf verschiedenste Arten versuchte, mein Äußeres der Mehrheitsgesellschaft anzupas-

---

[1] Die Zeitschrift hieß Afrolook, insgesamt erschienen zwischen 1988 und 1999 ca. 33 Ausgaben. Mehr Infos unter: http://www1.bpb.de/themen/LV3EN3,0,0,Die_Geschichte_der_afro_look.html (zuletzt abgerufen am 08. 05. 2011).
[2] Titel eines Songs von Bruder James Brown aus dem Jahr 1968. Zugleich wurde der Song zu einer Hymne der Black-Power-Bewegung in den USA.

sen. Aber auch eine Kindheit, in der „Familie" nicht nur weiße deutsche Familie bedeutete, sondern immer auch afrikanisch war.

Die Präsenz des schwarzen Elternteils, und damit auch der Familie in Kamerun, ist eine Konstante, die Halt und Orientierung gegeben hat. Allerdings gehören zu dieser Konstanten auch die rassistischen Erfahrungen des Vaters – und sein unbeugsamer Kampf gegen jede Form der Erniedrigung und Benachteiligung.

Eine weitere Prägung erfolgte dann nach der Scheidung meiner Eltern in der Zeit des Zusammenlebens mit dem alleinerziehenden schwarzen Elternteil. Schon die Startbedingungen für diesen Lebensabschnitt waren denkbar ungünstig. Als zehnjähriger Knirps musste ich vor Gericht und Jugendamt darlegen, weshalb ich nicht lieber bei der weißen Mutter leben wolle. Es sollten nicht meine letzten Auseinandersetzungen mit juristischen Strukturen in Deutschland sein.

„Nobody Knows the Trouble I've Seen"[3]

Zur Politisierung gehört neben der entsprechenden Prägung im Rahmen der jeweiligen Sozialisation auch die praktische Umsetzung von Ideen und Zielen. Und für die Umsetzung war es mir immer sehr wichtig, unmittelbare Erfahrungen in den Situationen machen zu können, die wir mit unserem evolutionären Anspruch verändern wollten. Oder besser gesagt: verändern mussten.

Da verwundert es sicherlich nicht, dass ich engste Kontakte mit den Strukturen des studentischen Widerstandes in verschiedenen afrikanischen Ländern hatte. Einzelne Aktivistinnen und Aktivisten konnten aus lebensbedrohlichen Situationen herausgeholt werden, manche Studierendenorganisation wurde finanziell oder materiell unterstützt und die Vernetzung zwischen politischen Widerstandskämpferinnen und -kämpfern wurde vorangetrieben.

Aber auch in Deutschland ging der Kampf über identitätsstiftende interne Auseinandersetzungen einer aufkeimenden Black Community hinaus. Der Kampf manifestierte sich in öffentlichen Stellungnahmen zu den menschenverachtenden Auswüchsen einer rassistisch geprägten Ge-

---

[3] Titel eines klassischen Spirituals.

sellschaft und immer mal wieder auch auf den Straßen und öffentlichen Plätzen der Bundesrepublik Deutschland.

„Ich habe einen grünen Pass mit 'nem goldenen Adler drauf"[4]

Naja, einer meiner Pässe ist inzwischen eher rot, aber von einer Zivilgesellschaft, in der mensch nicht nach Hautfarbe kategorisiert wird, sind wir immer noch meilenweit entfernt. Egal ob in Babylon-Deutschland oder in der kontinental-afrikanischen Provinz namens Kamerun[5].

Fakten zu akzeptieren bedeutet nicht gleichzeitig, diese auch für gut zu befinden. So galt es also, die Tatsache einer deutschen Staatsangehörigkeit, die Kenntnis einer deutschen Sprache (und auch eines Dialektes) sowie der Besitz einer weiß-deutsch-geprägten Bildung in Einklang zu bringen mit all dem, was als afrikanisch-geprägte Identität bezeichnet werden könnte.

Das Streben nach Glück wurde nicht einfacher. Nach dem Tod eines Flüchtlings in Hamburg saß ich als vermeintlicher Rädelsführer auf der Anklagebank und wurde zum Zielobjekt für Staatsschutz und Ausländerbehörde. Nach dem Mord an einer Schwester in Aschaffenburg wurde ich zum Sprachrohr einer Demonstrationsbewegung und musste die Einschüchterungsversuche von Seiten der Polizei und Staatsanwaltschaft ertragen.

Aber diese Erlebnisse sind natürlich nichts im Vergleich zu dem, was diejenigen zu erleiden haben, die nicht das „richtige" Ausweisdokument in der Tasche haben, diejenigen, die nicht die „richtige" Sprache sprechen oder nicht die „richtige" Bildung mitbringen.

„… one bright mornin', when my work is over, Man will fly away home …"[6]

Die Arbeit als Sozialpädagoge in einer Wohnung der Evangelischen Jugendhilfe für minderjährige Flüchtlinge aus Afrika hat meine Erfahrungen

---

[4] Textzeile eines Songs von Advanced Chemistry aus dem Jahr 1992. Das Album hieß „Fremd im eigenen Land". Bis Mitte der neunziger Jahre waren auch die deutschen Reisepässe grün.
[5] Nach pan-afrikanischer und afrozentrischer Tradition gibt es nur ein „Motherland" (Afrika) mit unterschiedlichen Provinzen – alles andere ist „Babylon". Hierzu: Bané, Sylvia, „L'Afrique vaincra – Libre échange avec Senfo Tonkam", Paris 2008.
[6] Textzeile aus „Rastaman Chant" von Bob Marley.

um eine wichtige Komponente erweitert. Die Ausgrenzung und Marginalisierung von Flüchtlingen hat System. Die „Festung Europa" ist viel mehr als ein gedankliches Konstrukt. Bildungsperspektiven verlaufen in Deutschland anhand von Kriterien wie Herkunft oder sozialer Status.

Bei dieser Arbeit habe ich einen Blick in die Herzen dieser jungen Menschen werfen dürfen. Und da verstand ich dann auch, woher die Schmerzen kamen, die von keinem Arzt behandelt werden konnten. Ich sah die tiefe Trauer und die Wut, die dann von den betreuenden Institutionen mit disziplinarischen Maßnahmen beantwortet wurden. Ich erlebte Krankheit, die im Tod endete. Ich war Zeuge von Sprachlosigkeit, die direkt in den Abschiebeknast führte. Und immer wieder holte ich die Kids aus polizeilichem Gewahrsam oder besuchte sie im Gefängnis.

Wo beginnt in solch einem Kontext politische Partizipation? Und was ist einfach nur menschliches Engagement? Oder ist das eine zugleich auch immer das andere?

„Ich habe der Welt nur die Wahrheit gesagt, und wenn meine Wahrheit ‚politisch' ist, was kann ich tun?"[7]

Nach mehr als zwölf Jahren Hamburg habe ich 2001 die Stadt verlassen. All die Erfahrungen eines politischen Aktivisten der Black Community im Gepäck, versuchte ich, im Süden der Bundesrepublik Deutschland meinem Sohn eine Heimat zu bieten, in der auch wieder familiäre Beziehungen gelebt werden konnten.

Die Tragfähigkeit der familiären Strukturen wurde aber natürlich immer wieder auf die Probe gestellt. Zumal diese familiären Strukturen von einer afrikanischen Identität durchzogen waren, deren Kompatibilität mit dem System der weißen Vorherrschaft berechtigterweise in Frage gestellt werden darf. So stellten sich immer wieder existentielle Herausforderungen, denen wir mit politisch geprägten Antworten nicht gerecht werden konnten.

Konkrete Handlungen waren erforderlich, um zerbrechliche Strukturen zu stärken und die Individuen zu stützen. Aus dem Familienzusammenhalt wurden organisatorische Bündnisse. Aus dem Aufbau privater Netzwerke wurde das berufliche Engagement in einer Unterkunft für

---

[7] „Mama Afrika" Miriam Makeba (1932–2008).

Asylsuchende. Aus dem Rückzug in die Provinz wurde ein kulturpoliti-
sches Projekt, das in viele Ecken der Welt strahlte.

„... by any means neccessary ..."[8]

Kultur wurde zu einem Anker. Politik trat in den Hintergrund. Die Kraft
der eigenen Geschichte gab Stabilität und Identität. Die Faszination der afrikanischen Kultur, egal ob vom Kontinent oder aus der Diaspora, wurde zu
einer unerschöpflichen Fundgrube für Geist und Seele. Die Schönheit von
Kunst und Kultur ließ all das Hässliche vergessen, was den Alltag prägte.

Zugleich gab diese gelebte Kultur wieder neue Kraft. Diese Kraft ist
für die politischen Auseinandersetzungen in aktueller Zeit auch dringend
vonnöten. Abschiebegefängnisse, Sondergesetzgebungen und strukturelle
Repressionen sind auch jetzt noch überall existent. Staatliche Übergriffe
gegen Schwarze Menschen prägen auch heute noch den Alltag in Deutschland. Und die öffentliche Diskussion über eine rassistisch geprägte Gesellschaftsordnung in unserem Lande hat noch gar nicht begonnen.

Da stellt sich jetzt einfach nur die Frage, ob ein politisches Engagement
Schwarzer Menschen in bereits existierenden Strukturen sinnvoll erscheint
oder nur als Feigenblatt einer pseudo-egalitären Demokratie dient.

Für mich kann ich diese Frage damit beantworten, dass jedes Engagement dann gerechtfertigt ist, wenn es dem einzelnen Menschen nützt.
Sobald das Engagement aber einzelnen (politischen) Interessen innerhalb
der existierenden Gesellschaftsordnung dienlich sein soll, dann stelle ich
mir zusätzlich noch folgende Frage: Warum sollte ich einen Beitrag dazu
leisten, das System der weißen Vorherrschaft aufrecht zu erhalten, anstatt
meine Energie in den Aufbau einer Alternative zu investieren?

---

[8] Titel einer Rede von Bruder Malcolm X im Juni 1964.

Lasst uns über Architektur reden! – Moscheen als Politikum

Dr. Achim Doerfer

Wenn man in Paris, im 4. Arrondissement, im Marais, in der rue Pavée, die dortige Synagoge besucht, dann fällt als erstes auf, dass man vom Trottoir zum Eingang einige Stufen auf einen kleinen Vorplatz hinuntergehen muss. Im selben Maß wie diese Absenkung liegt die Dachlinie unter der der Nachbarhäuser. Nun ist die Synagoge jüngeren Datums, 1913 als Jugendstilarchitektur in einer schon und noch emanzipierten Zeit erbaut. Doch gemahnt die beschriebene architektonische Besonderheit an einen über Jahrhunderte in Europa existenten Usus, nämlich die diskriminierende Regulierung nichtchristlicher Architekturprojekte. Nicht unüblich war etwa die Vorschrift, dass Synagogen die Nachbargebäude nicht zu überragen hätten.

Während im Mittelalter Juden ausschließlich in den Städten lebten, entwickelten sich damals unter dem Schutz der Kirche teils relativ stabile Gemeinden, die ihre Synagogen städtebaulich und architektonisch exponiert bauen konnten, so z.B. in Worms und Köln, wo die Synagogen von der Dombauhütte errichtet wurden. Andernorts waren die Synagogen allerdings in nach außen durch nichts von den umgebenden Wohnhäusern zu unterscheidenden Gebäuden untergebracht. Im Spätmittelalter dann wurden die Juden aus den Städten vertrieben. Es entstand das Landjudentum. In der Regel waren die Synagogen dort umgebaute Wohnhäuser oder betont schlichte Gebäude. Aufwändige und exponierte Synagogen gab es nur dort, wo es dem Landesherren genehm war, und das meist nicht zum Wohlgefallen der Juden.

Auch nach der jüdischen Emanzipation war der Synagogenbau gewissen Beschränkungen unterworfen. So waren z.B. bei fast allen Synagogen in Berlin zur Straße hin nur Nebenräume vorhanden, und die eigentliche Synagoge stand im Hof. Die „Berliner Traufhöhe" musste dabei, von wenigen Ausnahmen abgesehen, eingehalten werden. Zudem meinten die Stadtbaumeister vielfach auch bei der Gestaltung mitreden zu müssen, wenn sie nicht sogar bei der Planung federführend waren. Die Wahl war dabei meist zwischen dem „echt deutschen" (d.h. die Juden als Deutsche anerkennenden) gotischen und dem die Herkunft aus dem Orient betonenden „maurischen" Stil.

Heute sind uns solche Diskussionen immer noch nicht so ganz fremd. Da wollen die Nachbarn mitreden, da ist alles zu groß, da sollen die Nachbargebäude nicht überragt werden, da sieht es zu orientalisch aus, da tut es doch auch etwas an nicht so exponierter Lage, da gibt es doch schon genug, da werden wir überfremdet, da verlieren wir unsere heimatliche Kultur. Und dann gibt es aber auch die weltoffenen Bürgermeister, das gelungene Miteinander, den Stolz auf die neue Sehenswürdigkeit. Diskussionsstoff waren und sind dabei landauf und landab diesmal nicht Synagogenbauprojekte, sondern Moscheen. Etwa 200 repräsentative Moscheeneubauten sollen derzeit in Deutschland in Planung sein.

Nun ist all dem gemein, dass die vermeintlichen Diskussionen um Architektur sich in Wahrheit als Gradmesser für Toleranz bzw. Unterdrückung, für Gleichberechtigung oder Diskriminierung oder auch für innere und äußere Emanzipation einer religiösen Minderheit darstellen. Wo man zwischen gleichen Bürgern über Ästhetik, Städtebau, Budgets, Fördermittel, Mischnutzungen sprechen kann und oft ja auch spricht, versperrt doch öfter die unterschiedliche Religion den Weg zu derlei Diskussionen. Eine ästhetische Debatte aber ist nur dann unverkrampft möglich, wenn die Gleichwertigkeit der jeweiligen religiösen Orientierung schlicht und unausgesprochen selbstverständlich ist. Oder umgekehrt: Wo man gar nicht erst zu unverkrampften Gesprächen über Ästhetik kommt, da liegt im Umgang religiöser Gruppen miteinander etwas im Argen.

Unangenehmer noch: Da wird vieles politisiert, mit politischem Gehalt aufgeladen, was nicht politisch, sondern religiös oder architektonisch ist. Ein neuer Tiefpunkt dieser Entwicklung war die Schweizer Volksinitiative zum Minarettverbot. Solche – letztlich gegen den Säkularismus gewandten – Aktionen mag man auch als Parabel der Integrationsunwilligkeit von Teilen der Mehrheitsgesellschaft lesen. Diese Politisierung des Unpolitischen wirkt als Hindernis der Partizipation (muslimischer) Migranten an der Politik. Bislang kannte man nur den selbsternannten Experten – nun gibt es auch den fremdernannten Experten. So muss sich früher oder später jeder türkischstämmige Politiker zu Moschee und Kopftuch äußern, auch wenn er tatsächlich an Bildungs- und Umweltpolitik Interesse hat. Nicht nur sind Politiker mit Migrationshintergrund überhaupt in der deutschen

Politik unterrepräsentiert, sie sind zudem in der gesellschaftlichen Zuteilung politischer und medialer Rollen leicht auf Politikfelder wie Religions- oder Integrationspolitik festgelegt, was ihre Absenz etwa in der Wirtschafts- oder Bildungspolitik noch verschärft.

In der Politisierung des Religiösen wird nahezu jedes Moscheebauprojekt mit allem beladen, was der Debattenschrank so hergibt. Auf den Websites der einschlägigen Bürgerinitiativen sind denn auch Themen wie die Rolle des Christentums in der Türkei, der Beitritt der Türkei zur Europäischen Union und anderes nur ein oder zwei Mausklicks entfernt. Auch wenn Politik und Presse meist besonnen reagieren, so ist doch auch hier die Verlockung groß, in der Diskussion architektonische, religiöse und politische Fragen zu vermischen, wie die Debatte zum Moscheeneubau in Köln-Ehrenfeld zeigte, wenn von Kirchenseite die Architektur als „zu imperial" kritisiert wurde und die Kreis-CDU beschloss, die Minarette müssten kleiner werden. Da geht es dann doch eher um anderes als Ästhetik. Geradezu rührend und zugleich schlicht und sachlich ist die Geschichte der zwei Minarette der DITIB-Moschee in Göttingen. Die Gemeinde ging mit einem Plan für ein einzelnes Minarett in eine öffentliche Diskussionsveranstaltung. Nach der üblichen hitzigen Diskussion über erhöhtes Verkehrsaufkommen und Entwertung der Nachbargrundstücke meldete sich eine ältere Dame: Warum man nicht zwei Minarette baue, sondern nur eines, das sei so asymmetrisch. Die Bauherren erwiderten, man habe das so geplant, weil man gedacht habe, die Nachbarn auf diese Weise weniger zu verprellen, eigentlich habe man auch zwei Minarette bauen wollen. Der Vorschlag der Dame: Dann solle man ruhig zwei bauen, aber vielleicht ein bisschen niedriger. Zustimmendes Gemurmel von den anderen Nachbarn, und so wurde es dann gebaut, alles in allem nach fünfminütiger Diskussion. Bezeichnenderweise war diese Veranstaltung nicht von der Politik initiiert und organisiert, sondern von einem engagierten evangelischen Pastor und der Moscheegemeinde selbst.

Das Paradoxon dabei ist: Gerade diejenigen, die sich gegen Moscheebauvorhaben wenden wegen der Missachtung von Rechten von Christen in der Türkei oder aus einem pauschalen Fundamentalismusvorwurf heraus, begehen eben die von ihnen selbst kritisierten Fehler. Auch Angehörige nichtchristlicher Religionen genießen die volle Religionsfreiheit in Deutschland, ganz unabhängig davon, was jemand in der Türkei tut oder nicht tut. Und: Fundamentalismus bedeutet nun einmal, alles durch die religiöse Brille zu sehen; aber ein Mensch muslimischen Glaubens lässt sich vernünftigerweise eben nicht auf das Moslemsein reduzieren. Wir können keinen religiösen Fundamentalismus dulden, also nicht akzeptieren, dass staatliches Recht sich an religiösem Denken zu messen hätte. Umgekehrt aber sind die Religionen auch vor dem Staat geschützt – durch das lang und blutig erkämpfte Prinzip der Trennung von Staat und Religion. Das ist ja gerade die Kunst im säkularen Rechtsstaat, dass wir friedlich miteinander leben und gesellschaftliche Gleichberechtigung herrscht, selbst wenn der Papst nicht demokratisch gewählt wird und nie eine Frau sein wird. Ebenso wie es banal und richtig ist, dass der einzelne Religionsanhänger und die religiösen Organisationen für sie geltende Gesetze zu beachten haben, ist daher die – selbst in der Rechtswissenschaft zu findenden Aussage – eine Religion müsse verfassungskonform sein, schlicht falsch. Der Organisationsaufbau der katholischen Kirche ist nun einmal Sache der Katholiken und nicht des Grundgesetzes. Religion ist nicht durch staatlich-politische Regeln erklär- und abbildbar, und umgekehrt sind Staat und Politik sind nicht durch religiöse Regeln erklär- und abbildbar.

Reden wir über Politik, reden wir über Integration, reden wir über Religion, reden wir über Architektur, aber reden wir nicht über alles zugleich und durcheinander, auch nicht, wenn es zum Islam kommt oder nur wenn es zum Islam kommt. So wird in manch gesellschaftlicher Debatte das eine oder andere Phänomen – meist negativer Natur – auf „den Islam" zurückgeführt. Ebensogut aber mag die Ursache eines positiven Verhaltens (etwa Gastfreundschaft) oder eines negativen Verhaltens (mangelndes Bildungsinteresse) in der Sozialisation oder – oh Wunder! – im individuellen Charakter begründet sein. Das eigentlich paradoxe Verhalten einer säkularen Gesellschaft, Ursachen von Entwicklungen und Fehlentwicklungen zuvörderst in der Religion zu suchen, verstellt so oft den Blick auf die eigentlichen, ganz anderen Ursachen. Aus der Perspektive einer säkularen, pluralistischen Gesellschaft ist nun einmal die Religion nur eines von vielen gesellschaftlich relevanten Phänomenen. Wer sein Gegenüber vorschnell auf seine Religionszugehörigkeit reduziert, reduziert auch den eigenen Wahrnehmungshorizont vorschnell auf religiöse Phänomene.

Um im Bild der Moscheearchitektur zu bleiben: Die Funktion eines solchen Baus mag eine religiöse sein, und zwar vor allem aus Sicht der Nutzer. Wenn diese Nutzung aber wegen der grundgesetzlich geschützten Religionsfreiheit außerhalb der Debatte zu stehen hat, dann eröffnen sich in einer säkularen und pluralistischen Gesellschaft ganz andere Diskurse, die glücklicherweise ja auch geführt werden: Etwa über städtebauliche Aspekte, architektonische Aspekte, gemeinsame Nutzungskonzepte. Diese Diskurse können aber nur dann ehrlich und gleichberechtigt geführt werden, wenn die Nutzung durch eine ganz bestimmte Religion dabei keine Rolle spielt.

Die Politik würde gewinnen, wenn man sie von religiösen Debatten entlasten würde, und gleichzeitig gewönne die Partizipation großer Gruppen von Menschen mit Migrationshintergrund an gesamtgesellschaftlicher Politik.

Reden wir schließlich noch kurz über Architektur. Ich persönlich würde mir bei so manchem Moscheeneubau eine progressivere, mutigere Architektur wünschen, ein architektonisches Ausrufezeichen, ganz unabhängig von der Größe des Baus. Noch viel wichtiger aber ist mir, anzuerkennen, dass der jeweilige Bauherr im Rahmen seiner grundgesetzlichen Freiheiten das Aussehen der Moschee bestimmen darf.

Migranten, Medien und die Politik:
Neu im Mittelfeld oder immer noch im Abseits?

Ferda Ataman

Kein Einwandererkind hat es in der deutschen Politik so weit gebracht wie er: Cem Özdemir, umstrittener Realo-Grüner, unumstrittene Integrationsikone. Die Liste seiner Pioniererrollen ist lang. Er war „der erste Türke" und „der erste Muslim", der in den Bundestag gewählt wurde. Inzwischen ist der Grünen-Politiker der erste Chef einer Bundespartei, der ausländische Wurzeln hat. Auf dem Weg dahin war seine ethnische Herkunft für Außenstehende immer die Rede wert. Der Grünenpolitiker lächelt noch heute höflich, wenn er von Fernseh- und Radiomoderatoren als „Türke mit deutschem Pass" vorgestellt wird.

Er ist Experte für internationale Beziehungen, muss jedoch ständig Fragen zu Zwangsehen und Ehrenmorden beantworten. Journalisten rufen ihn vor allem dann an, wenn sie Fragen zum EU-Beitritt der Türkei oder den Integrationsproblemen in der Einwanderungsgesellschaft haben. Özdemir hat von Anfang versucht, das gelassen zu sehen. Um sich vom Migrantenpolitiker-Image zu lösen, bringt er sich regelmäßig in Debatten über transatlantische Beziehungen, Atomausstieg und Afghanistaneinsatz ein. Er hat sich vor wenigen Jahren Elvis-Presley-Koteletten zugelegt, seinen schwäbischen Akzent bis heute beibehalten und doziert bei jeder Gelegenheit leidenschaftlich über „unseren Republikanismus". Ein Schwabe, der vom Migrantenthema nicht los kommt und es inzwischen für sich zu nutzen gelernt hat.

War Özdemir 1994 als erster türkischstämmiger Bundestagsabgeordneter noch ein Exot, hat inzwischen nahezu jede Partei auf Bundes-, Landes- und Kommunalebene Fraktionsmitglieder mit fremdländischen Namen. Doch weigern sich diese Politiker, ihren Migrationshintergrund in den Vordergrund zu stellen, verweilen sie meist im Abseits. Ein Beispiel dafür ist die Grünen-Abgeordnete Ekin Deligöz: Seit 1998 ist die türkischstämmige Volksvertreterin im Bundestag, debattiert dort als Expertin für Familie und Finanzen. Bekannt wurde ihr Name in der Öffentlichkeit jedoch erst, als sie sich 2006 in der Bild-Zeitung gegen das Kopftuch äußerte.

Um ihrer Karriere einen Antrieb zu geben, widmen sich viele Politiker mit Migrationshintergrund lieber gleich Integrationsthemen. Die Liste der Beispiele ist lang: Die ehemalige Bundestagabgeordnete Lale Akgün trat sowohl in den Medien wie auch in der Partei vor allem dann in Erscheinung, wenn sie sich als „islampolitische Sprecherin der SPD-Fraktion" äußerte. Sevim Dagdelen (Linke) ist in ihrer Bundestagsfraktion für parlamentarische Anfragen zur Einwanderungspolitik zuständig. Migrationspolitischer Sprecher der Grünen-Fraktion ist Josef Winkler, der – auch wenn man seinem Namen die ausländischen Wurzeln nicht anhört – welche hat. Winklers Mutter stammt aus dem indischen Kerala. Und Serkan Tören, erster FDP-Mandatsträger im Bundestag mit türkischem Namen, hat ebenfalls das Amt des integrationspolitischen Sprechers bekommen.

Migranten in der Partei? – Gern, sagen viele Parteistrategen, aber dann auch zuständig für Migrantenthemen. Denn wer könnte authentischer über „Ausländer" sprechen, als Einwanderer und ihre Nachkommen selbst? Die dafür auserkorenen Politiker sträuben sich nicht immer dagegen. FDP-Mann Tören etwa hat sich nach der Bundestagswahl 2009 für das Amt beworben. Der Newcomer wusste, dass er damit am ehesten in der Öffentlichkeit wahrgenommen wird.

In dieser Legislaturperiode gibt es eigentlich nur eine berühmte Ausnahme: FDP-Politiker Philipp Rösler ist der erste Bundesminister mit einem offensichtlichen Migrationshintergrund. Trotzdem hat es der junge Gesundheitsminister geschafft, dass seine vietnamesische Herkunft in der Öffentlichkeit kaum thematisiert wird. Der Asiate, der als Baby von einem deutschen Ehepaar adoptiert wurde, geht als „Quasi-Deutscher" durch. Das spricht einerseits für den Fortschritt im öffentlichen Umgang mit der Einwanderungsgesellschaft. Es zeigt aber andererseits, dass die öffentliche Wahrnehmung sehr davon bestimmt ist, wen wir als Migranten wahrnehmen und wen nicht. Rösler – helle Haut, katholisch, mit Anzug, Brille und kristallklarem Hochdeutsch – entspricht nicht dem Prototyp vom Ausländer. Rösler will nicht so recht in die Klischeevorstellungen passen, er wird nicht im Migranten- sondern eher im Villenviertel verortet. Der Fall Rösler macht deutlich: Migrant ist, wer in das Bild von Migranten passt. Und dieses Bild wird von den Medien gezeichnet.

Verödung in der Medienlandschaft

Hier gilt es festzuhalten: Im Fernsehen, Radio und in Zeitungen sind vor allem die Verlierer prominent, bildungsfern und kriminell. Erfolgreiche Einwanderer dagegen – bruttosozialprodukttauglich und meist optisch unauffällig – haben nicht das Zeug zum Medienspektakel. Von Journalisten werden sie in der Regel ignoriert. In der Mehrzahl der Berichte, in denen Einwanderer die Protagonisten stellen, geht es um Probleme, gescheiterte Existenzen und kulturelle Hindernisse. Der Schläger Ali, die zwangsverheiratete Fatma oder der Hauptschüler Hassan, dessen Karriere höchstens die eines Drogenhändlers wird – das sind die Medienstars im Einwanderungsland Deutschland. Sie sind spektakulärer als ein Bericht über erfolgreiche Politiker mit Migrationshintergrund. Im Fernsehen und in den Nachrichten werden somit Bilder in deutschen Köpfen festgesetzt, die vor allem negative Assoziationen in Bezug auf Einwanderung wecken.

Das Gefährliche daran: Das Denken beeinflusst das Handeln. Die permanent negative Berichterstattung kann Ausländerfeindlichkeit und Rassismus bei der Mehrheitsgesellschaft zur Folge haben, ebenso wie Deutschenhass und Ablehnung bei den betroffenen Minderheiten. Informationen verändern die Gesellschaft. Massenmedien haben daher eine Verantwortung.

Die auffällig einseitige Wahrnehmung von Einwanderern ist nicht zuletzt auf die einseitige Medienlandschaft in der Bundesrepublik zurückzuführen. Sie ist „weiß" und deutsch geprägt. Während jeder fünfte Einwohner in Deutschland aus einer Einwanderungsfamilie stammt, ist es in den Redaktionen nur jeder Fünfzigste. In Tageszeitungen liegt die Quote sogar bei nur einem Prozent (also jeder Hundertste). Das Arbeitsumfeld der Meinungsmacher ist fern von den Verhältnissen in der Gesellschaft. In der Berichterstattung bleiben somit Perspektiven von Migranten aus. Damit diese Verödung nach über 60 Jahren Bundesrepublik ein Ende findet, haben sich unter anderem öffentlich-rechtliche Sender auf die Fahne geschrieben, mehr Journalisten mit Migrationshintergrund auszubilden. Neuerdings gibt es Stipendien und Praktikumsprogramme um entsprechenden Journalistennachwuchs zu integrieren. Und 2008 haben sich rund 300 Journalisten im Netzwerk „Neue deutsche Medienmacher" zusammengeschlossen, die unterschiedliche kulturelle und sprachliche Kompetenzen und Wurzeln mitbringen und sich für mehr Vielfalt in der Berichterstattung einsetzen.

Einwanderungspolitik und die Medien

Damit sich etwas in der Berichterstattung zur Migrationspolitik ändert, bedarf es allerdings nicht nur einer bunteren Belegschaft in deutschen Medienhäusern. In den Redaktionen fehlt es zudem am Sachverstand für die Darstellung gesellschaftlicher Vielfalt. Bislang werden Fragen der Einwanderungsgesellschaft als „weiche" Themen behandelt, in denen Journalisten auch ohne großes Vorwissen loslegen können. Oftmals werden Praktikanten und Anfänger dafür eingesetzt, und so finden sich häufig falsche oder verzerrt wiedergegebene Fakten und Zahlen in der Berichterstattung. Dass Integration kein Thema ist, mit dem sich Journalisten profilieren können, ist längst nicht überall so: In den USA etwa zählt „writing on migration" zu den wichtigen politischen Arbeitsfeldern, auf dem sich namhafte Journalisten tummeln.

In der deutschen Medienlandschaft hat die Vernachlässigung des Themas Spuren hinterlassen: Da es lange Zeit nicht tiefgründig bearbeitet wurde, konnten sich auf der Seite der politischen Ansprechpartner und Migrantenvertreter nur sehr wenig fachlich versierte Personen etablieren. Als Bundeskanzlerin Angela Merkel 2006 zum Integrationsgipfel ins Kanzleramt einlud, waren ihre Mitarbeiter gezwungen, per Google-Recherche und Abfrage bei Insidern Empfehlungen für die Gästeliste einzuholen. So kam es, dass umfassend klingende Vereinsnamen wie „Türkische Gemeinde Deutschland" überzeugt haben, obwohl ihre Mitgliederzahl bis heute nicht bekannt ist. Inzwischen ist ihr Vorsitzender, Kenan Kolat, ein medial präsenter Mann, der permanent Medienanfragen bekommt. Dagegen ist an sich nichts einzuwenden. Doch bis heute sind kaum andere Namen aus der Vielzahl der kompetenten und aktiven Organisationen und Vereine bekannt.

So wie der Integrationsgipfel hat auch die Islamkonferenz einige wenige Ansprechpartner ins Wahrnehmungszentrum gerückt, zu denen der Schriftsteller und Orientalist Navid Kermani ebenso wie die umstrittene Publizistin Necla Kelek zählt. Dennoch bleiben es verhältnismäßig wenige Namen und Gesichter, die in immer wiederkehrenden Diskussionen mit immer gleichen Positionen zitiert werden. Vor allem auf Bundesebene gibt es gerade einmal eine Hand voll Experten und Migrantenvertreter, deren (Einzel-)Meinung immer wieder für rund 15 Millionen Menschen mit Migrationshintergrund gehört wird. In der öffentlichen Debatte gibt es unterm Strich eine Gruppe von rund 20 „gelungenen Integrationsbeispielen" – Politiker, Autoren, Schauspieler, Regisseure und Wissenschaftler – die immer wieder aus dem Hut gezaubert werden, wenn es um Integrationsthemen geht. Nur selten macht sich ein Journalist die Mühe, einen neuen Akteur zu befragen. Wer die Diskussionen um Einbürgerung, Sprachkenntnisse, Kopftuch und Islam über die Jahrzehnte verfolgt, wird daher wenig Dynamik erkennen.

Allerdings: Ein leichtes Vorwärtskommen ist zu beobachten.

Eingewanderte als Wähler

Das Superwahljahr 2009 hat es einmal mehr gezeigt: Die Politik hat das Wählerpotenzial von rund acht Millionen Neudeutschen inzwischen erkannt. Fast jeder zehnte Wahlberechtigte ist nicht als Deutscher geboren, sondern wurde eingebürgert und stammt aus einer Einwandererfamilie. Neuerdings werben Parteien gezielt um sie. So kam SPD-Chef Franz Müntefering wenige Wochen vor der letzten Bundestagswahl persönlich ins Berliner Migrantenviertel Kreuzberg, um in einem orientalischen Spezialitätenladen den Sorgen von türkischen Geschäftsleuten zu lauschen. Bei Tee, Nüssen und Süßigkeiten durchlief er mit ihnen das ABC der Integrationspolitik: Arbeit, Bildung, Chancengleichheit. Seine Botschaft: Die SPD versteht die Sorgen der Migranten.

Der Termin in Kreuzberg war nur einer von vielen, mit denen die Volksparteien, aber auch Grüne, FDP und Linke 2009 die bislang eher vernachlässigte Wählergruppe umworben haben. An die große Glocke hängen wollen die meisten ihr Werben um Migranten eher nicht. Solche Anbahnungstermine werden in der deutschen Öffentlichkeit nicht weiter betont. Zu entsprechenden Veranstaltungen sind oftmals ausschließlich Vertreter von Migrantenverbänden und Vertreter von ethnischen Nischenmedien wie der „Hürriyet" eingeladen. In den Parteien laufen migrantenorientierte Wahlkampfbotschaften unter „Zielgruppenkommunikation". Der Grund ist naheliegend: Die hier angesprochenen Themen wie Diskriminierung auf dem Arbeitsmarkt, doppelte Staatsbürgerschaft für Drittstaatsausländer oder niedrigere Hürden in der Zuwanderungspolitik sind emotional höchst umstritten. Das Werben um Migranten könnte Stammwähler abschrecken – so die Befürchtung in den Parteien, bei den Sozialdemokraten und Linken ebenso wie bei den konservativen Unionsparteien. Deshalb

versucht jede Partei abzuwägen, ob sie unter dem Strich Wähler dazu gewinnt oder verliert.

Das abzuwägen ist jedoch nicht ganz leicht. Andreas Wüst vom Mann-
heimer Zentrum für Europäische Sozialforschung untersucht seit Jah-
ren das Wahlverhalten von Eingebürgerten und Migranten. Hinsichtlich
ihres Wahlverhaltens unterscheidet er Eingewanderte in zwei Gruppen:
Während Aussiedler aus Russland und Osteuropa zu den christlichen
Unionsparteien tendieren, erkennt der Wahlforscher bei den ehemaligen
Gastarbeitern, also Menschen aus Südeuropa und der Türkei, eine starke
Präferenz für SPD und Linke. Das Institut „Data 4U" hat dazu 2009 eine
Umfrage unter Türken gemacht und ihnen die so genannte Sonntagsfrage
gestellt. Demnach würde mehr als die Hälfte der befragten Türkischstäm-
migen die Sozialdemokraten wählen (55 Prozent), rund ein Viertel die Grü-
nen, die CDU dagegen nur jeder Zehnte (Linke: 9,4 und FDP: 0,9 Prozent).

Dass vor allem die größte ethnische Gruppe der Einwanderer, die
Türken, aber auch andere Drittstaatenausländer den Unionsparteien ge-
genüber distanziert sind, hat eine lange Geschichte mit zahlreichen Höhe-
punkten. Da gibt es die „Rückführungspolitik" in den 80er Jahren unter
Bundeskanzler Helmut Kohl, der allen voran Türken mit einer Bargeld-
prämie in die Heimat schicken wollte. Oder die Kampagne gegen einen
Gesetzesentwurf für die doppelte Staatsbürgerschaft, für die die hessische
CDU unter Ministerpräsident Roland Koch Unterschriften auf der Straße sammelte. Wer seinen Pass nicht aufgeben will, der soll erst gar kein
Deutscher werden, hieß es damals an den Kampagnenständen. Die betroffenen Einwanderer empfanden die emotional aufgeladene Aktion als
Affront. Für die CDU dagegen war es einmal mehr ein erfolgreicher Weg,
frustrierte Bürger kurz vor einer anstehenden Wahl für sich zu gewinnen.

Eine Zäsur für diese Art von Wählermobilisierung war die Erfahrung
im hessischen Wahlkampf 2008. Hier versuche die CDU erneut mit auslän-
derfeindlicher Rhetorik zu punkten. Nach einem brutalen Übergriff zweier
Jugendlicher aus Einwandererfamilien auf einen Rentner polterte Roland
Koch gegen „zu viele kriminelle junge Ausländer" und forderte härtere
Strafen. Doch diesmal scheiterte er damit. Die Zeit für Wahlkampf mit
Stimmungsmache gegen Ausländer schien fürs Erste vorbei zu sein.

So kam es, dass Kanzlerin Angela Merkel vor der Bundestagswahl 2009
beim Sommerfest der CDU-Fraktion für türkische Fotografen mit einem
Döner in der Hand posierte. Schon Monate zuvor schickte sie ihre Staats-
ministerin für Integration, Maria Böhmer (CDU), auf eine lange Kuschel-

tour ins Migrantenmilieu. Und sogar Hardliner Roland Koch und diverse CSU-Kollegen konnte man in dieser Zeit beim Fastenbrechen mit Muslimen beobachten.

Auch wenn viele dieser Bemühungen ungelenk und nicht selbstverständlich daher kommen, zeigen sie, dass die Parteien in der Einwanderungsgesellschaft angekommen sind. Den Parteistrategen ist klar geworden, dass ein Fraktionsmitglied mit türkischen oder iranischen Wurzeln allein nicht eine ganze Wählergruppe mit Migrationshintergrund überzeugt. Es braucht klare Botschaften im Parteiprogramm, Führungskräfte, die sich zu diesen Themen äußern und interkulturelles Fingerspitzengefühl in den Fraktionen.

Dem Paradigmenwechsel ging ein Ereignis voraus, das für viele deutsche Politiker ein maßgeblicher Schock war: Der Deutschlandbesuch des türkischen Regierungschefs Recep Tayyip Erdoğan im Jahr 2008. Rund 20 000 Türken strömten damals in die Kölnarena, um den Ministerpräsidenten aus Ankara unter tosendem Applaus zu empfangen. Erdoğan nahm in seiner Rede nur wenig Bezug auf ihr Leben in Deutschland und rief die Türken stattdessen dazu auf, sich mehr für die Türkei zu engagieren. Er erhielt dafür Standing Ovations.

Der deutschen Politik wurde mit diesem perfekt inszenierten Medienspektakel vorgeführt, dass sich Einwanderer auch in der zweiten Generation nicht von bundesrepublikanischen Repräsentanten vertreten fühlen – zumindest eine erhebliche Zahl nicht. Die gilt es nun zu gewinnen. 2011 könnte in dieser Hinsicht ein spannendes Jahr werden: Nicht nur, dass im Herbst das Anwerbeabkommen für Gastarbeiter aus der Türkei sein 50-jähriges Jubiläum hat. Auch wird in diesem Jahr in der Türkei ein neues Parlament gewählt – zum ersten Mal auch mit den Stimmen der Türken in Deutschland.

Musikrevolte, Migration und Politik mit Fokus auf Schwarze Musik in Deutschland

Adetoun und Michael Küppers-Adebisi

Teil I   Musik und Revolte bis zum Entstehen der Jugendkulturen

Musik spricht das Herz und die Sinne an und als Ausdruck von Lebensgefühl kommuniziert Musik politische Überzeugungen, die zwischen den Extremen von gesellschaftlicher Anpassung und von gesellschaftlichem Protest pendeln.

Die Geschichte der Musik ist auch eine Geschichte der Politik. Die westliche Neuzeit, als Zeit der Kämpfe um politische Emanzipation und Demokratisierung veranschaulicht dies. So wurde die Marseillaise der französischen Revolution von Soldaten aus Marseille bei Ihrem Einzug in Paris gesungen als Schlachtgesang mit dem das revolutionäre Frankreich gegen das aristokratische Europa mobilisierte. Und es waren die Freiheitslieder wie „Zu Frankfurt an dem Main", die in Deutschland der Sehnsucht nach Freiheit Ausdruck verliehen. Auch hier begleitete die Musik die Mobilisierung und den demokratischen Kampf der Revolutionäre von 1848.

Auch im 19. Jahrhundert rief militärische Marschmusik Soldaten zu den Waffen und die Lieder der Arbeiterschaft zum revolutionärem Freiheitskampf. Das totalitäre Regime der Nazis in Deutschland, faschistische Regime in Europa und die Kommunisten Osteuropas setzten die Propagandawirkung der Musik ein, um ihre Massenaufmärschen für das Volk wirkungsvoll zu inszenieren.

Der politische und militärische Kampf gegen den Gegner fand seine Verlängerung im Kulturkampf gegen Komponisten, die rassistisch, politisch und ästhetisch verfolgt wurden und für ihre „entartete Musik," wie z.B. den Jazz unter den deutschen Nationalsozialisten, oder für ihre „formalistische Musik" unter den russischen Stalinisten bestraft wurden oder mit dem Leben bezahlen mussten. Dieser Artikel setzt sich insbesondere mit Musik und Politik im aktuellen Kontext der Positionssuche von Migrantinnen und Migranten im bundesdeutschen Kontext auseinander.

So wie die Swing-Jugend von den Nazis verfolgt und in Konzentrationslager gesperrt wurde, haben auch Deutsche mit Migrationsvordergrund mit Ausgrenzung und Gewalt zu kämpfen. Schon die afroamerikanische Sängerin und Tänzerin Josephine Baker, die in den 1920er Jahren in Berliner Aufführungen noch gefeiert wurde, unterstützte später politisch den Kampf der Résistance von Frankreich aus aktiv mit Geld, aber auch durch Aufführungen zur Mobilisierung, um das rassistische Deutschland zu stürzen.

In den 50er Jahren dann, nach der Niederlage des nationalsozialistischen Deutschlands gegen die Alliierten nahm aus dem Lebensgefühl der Neuen Generation heraus in der Bundesrepublik ein neues Phänomen Form an: die Jugendkultur. Protest in der Tradition des Blues und des Jazz war Ausdrucksmittel der Unterdrückten gegen Ausbeutung und gegen die Herrschenden. Nicht immer politisch ausgerichtete Rock'n Roller lieferten sich nun Auseinandersetzungen mit den Ordnungshütern des Staates und wieder brachte die Musik, die mehr oder minder diffuse Revolte der Jungen gegen die Werte der Alten und das damit verbundene Lebensgefühl auf den Punkt. Die Popmusik hatte endgültig Einzug gehalten in Deutschland. Popmusik ist nicht ausschließlich widerständig. Sie pendelt zwischen den Extremen braver Angepasstheit und Jugend-Revolte. In den 6oer, 7oer und 8oer Jahren standen Beat, Rock und Punk für Themen wie antiautoritäre Strukturen, politischer Kampf gegen das Establishment, Anti-Kriegsbewegung, Kampf gegen Ausbeutung und gegen soziale Armut, bis hin zu Anti-Diskriminierung und Anti-Rassismus. Schwarze Deutsche, Deutsche mit türkischen Roots sowie Migrantinnen und Migranten aller Couleur sollten eine entscheidende Rolle spielen in diesem von der Jugendkultur geprägten Kosmos.

Teil II   Generation Hip-Hop

Im Zuge des deutschen Wirtschaftswunders wurden in der Bundesrepublik von 1955 bis 1973 von Unternehmen und Behörden Millionen ausländischer Arbeitskräfte als „Gastarbeiter" aus den Regionen um das Mittelmeer angeworben. Sie und ihre Familien bilden bis heute die größte Gruppe der in Deutschland lebenden Menschen mit Migrationshintergrund. Die Migrationsdebatte war bis weit in die 8oer Jahre hinein, zumindest für die deutsche Politik, „Ausländer-Problemforschung". Die Migranten und ihre Kinder wurden diskriminiert und ausgegrenzt und nicht als Teil der sich selbst als weiß verstehenden deutschen Kultur, sondern lediglich als Arbeitskräfte wahrgenommen. Mitte bis Ende der 8oer schwappte mit der afroamerikanischen Hip-Hop-Musik eine Musikrichtung nach Deutschland über, die insbesondere von migrantischen Jugendlichen aufgegriffen und für den deutschen Kontext modifiziert wurde und genau bei dieser Ausgrenzung ansetzte. Anti-Diskriminierung und Anti-Rassismus sollten auch hier, wie zuvor schon im zumindest in Deutschland hauptsächlich weiß geprägten Beat, Rock und Punk Thema werden, nun jedoch erstmals aus der Perspektive der Migranten. Insbesondere infolge des ökonomisch motivierten Anwerbestopps wurde offensichtlich, dass die Schicksale der Menschen auf Ihren Wert als Arbeitskräfte reduziert wurden und eine Integration unerwünscht war. Migranten wie die türkisch geprägte Band Ozan Ata Canani problematisierten damals mit Liedern wie „Deutsche Freunde" das Verhältnis zu Ihren deutschen Mitbürgern und die von der deutschen Politik inszenierte Ausgrenzung von Menschen mit spanischen, italienischen, griechischen oder türkischen Wurzeln durch die weiße, deutsche Gesellschaft in einer rückblickend als menschenverachtend zu bezeichnenden „Gastarbeiter-Debatte". Und so wurde der Kanon der durch Musik geprägten Jugendkulturen mit Themen wie Self-Empowernment und neuen deutschen Identitätskonzepten in einer strukturell diskriminierenden und rassistischen Umwelt nachhaltig bereichert. Der Impuls für diesen Perspektivenwechsel ging insbesondere von Schwarzen Deutschen aus, wurde aber auch von der Gesamtheit der *People of Colour* in Deutschland aufgegriffen. Die CDU-Politikerin Barbara John war von 1981 bis 2003 Ausländerbeauftragte des Berliner Senats und förderte Hip-Hop-Projekte von Jugendlichen mit türkischen Roots. So konnte die Berliner Band Islamic Force in Türkisch und Englisch mehrere Alben veröffentlichen. Im Umfeld des Brandanschlages aus der Neonazi-Szene von Solingen, bei dem fünf Menschen starben (1993), wurde die Fresh Family auch im weißen Mainstream bekannt. Aufgrund Ihrer englischen Texte wurden ihre türkischen Wurzeln jedoch nicht unbedingt von allen wahrgenommen. Advanced Chemistry haben mit deutschen Texten die Identitätsdebatte im Hip-Hop losgetreten und damit den Grundstein für eine spezifisch Schwarze Deutsche Traditionslinie gelegt. Deutschland hat *People of Colour* stets mit dem Mythos ausgegrenzt, nicht Teil der deutschen Gesellschaft zu sein. In „Fremd im Eigenen Land" heißt es 1992: „Gestatten sie, mein Name ist Frederik Hahn – Ich wurde hier geboren, doch wahrscheinlich sieht man es mir nicht an – Ich bin kein Ausländer, Aussiedler, Tourist, Immigrant, sondern deutscher Staatsbürger und komme zufällig aus diesem Land". Schon 1993 wurde der Songtext in die Publikation „*Sprechgesang und Jamkultur*" interpretiert: „Denn in Deutschland geht es ja nicht um Ausländerfeindlichkeit, wie Morgenpostplaketten und Medien berichten, sondern um Rassismus. Wie anders sollte man sonst die Tatsache beschreiben, daß Leuten, die hier geboren sind und hier zur Schule gehen, ihre deutschen Pässe vorenthalten werden, weil ihre Eltern keine deutsche Staatsangehörigkeit haben? Sie – Afro-Deutsche, türkische Deutsche, italienische, jugoslawische, griechische Deutsche etc. – identifizieren sich mit ‚Fremd im eigenen Land' – auch ohne Paß!"

Schon 1986 begann mit der Publikation des Buches „Farbe bekennen – Afro-deutsche Frauen auf den Spuren Ihrer Geschichte" die öffentliche Aufarbeitung afrodeutscher Geschichte aus Schwarzer Perspektive. Im Jahr zuvor waren die ISD, die Initiative Schwarze Deutsche und Schwarze Menschen in Deutschland und ADEFRA, die Initative der Schwarzen Deutschen Frauen und Schwarzen Frauen in Deutschland gegründet worden und hatten damit den politischen Grundstein gelegt. Insbesondere die akademische Aufarbeitung Schwarzer Geschichte und Identität in Deutschland durch Schwarze Deutsche Frauen war von Anbeginn grundlegender Teil dieser Bewegung.

Die Anbindung Schwarzer Deutscher Musikerinnen und Musiker des Hip-Hop an die ISD war lockerer Natur, und dennoch trafen sich hier, Ende der 80er Jahre, im Umfeld der Bundestreffen der ISD, Protagonisten wie Adé Bantu, D-Flame, Torch, Ebony Prince und Linguist. Das Konzept „Afrodeutsch" wurde in den Hip-Hop-Texten aufgegriffen. Die politischen Texte wiederum gaben der ISD als Bewegung das notwendige Ventil für Ihr ureigenes Lebensgefühl. Musiker, aber auch andere Künstler und Akademiker beteiligten sich an den Bundestreffen der ISD, um Ihre Inhalte und Produkte zu promoten und Networking zu betreiben. Der Black History Month Berlin von 1990 bis 2001, die Afrikanischen Kulturtage Hamburg von 1989 bis 1992, der TheCoffeeshop von 1992 bis 1996, der Kultursalon für Schwarze Kunst in Düsseldorf und Berlin, und seit 1986 das „African-American" geprägte Black International Cinema Berlin boten Plattformen für den Austausch und die Entwicklung von Selbstemanzipations-Strategien. Und sie schafften die notwendige politische Gegen-Öffentlichkeit für künstlerisch-musikalische Aufarbeitung, die die Politik und die offiziellen Medien verweigerten. Ausnahmen blieben Politiker wie Cem Özdemir, der

schon 1981 der Partei der Grünen beitrat und aufgrund seiner eigenen Biographie ein verstärktes Interesse am Migrationsdiskurs zeigte.

Nach der Wiedervereinigung, am Anfang der 90er Jahre lebte die weiße
Deutsche Gesellschaft Rassismus gegen *People of Colour* aus und die Politik
scheint hilflos angesichts der Toten und Verletzten der vielen rassistischen
Anschläge und Angriffe (z.B. Hoyerswerda 1991, Rostock 1992, Solingen
1993, Lübeck 1993). Der rechte Mob tobt, das Publikum applaudiert und das
Grundgesetz wird gegen Asylbewerber verschärft. Aus der Perspektive
der *People of Colour* legitimiert damit die Politik rechtsextremistiche Anschläge gegen nicht-weiße Menschen. Und der Politiker Theo Waigel steht
auf dem Balkon des Leipziger Gewandhauses, umgeben von einem Fahnenmeer deutscher Flaggen, die in ihrer Dichte und unter diesen Umstän-
den historische Bezüge wachrufen. Die Band Weep Not Child tritt 1994 mit
„From Hoyerswerda to Rostock" bei einer Protestaktion gegen Faschismus
in Hoyerswerda auf. Den *People of Colour* helfen auch die bundesweiten
Lichterketten nicht und das Bundestreffen der ISD in Bremen findet unter
dem „Schutz" der Selbstbewaffnung mit Baseballschlägern statt, um Frau-
en und Kinder gegen die Gefahr zu schützen. Das Bundestreffen in Leipzig
wurde von vielen erst gar nicht besucht. Der „Osten" war für viele der
„Wessis" unter den Schwarzen Deutschen zur „No-Go-Area" geworden.

Popkultur verbindet Lebensgefühl und Revolte. Und so lässt sich die
Traditionslinie des politischen Aufbegehrens von „Fremd im Eigenen Land"
bei Protagonisten wie Foreign Accent (Ebony Prince, D-Flame und P-Mel-
low) finden, die mit dem Song „Das Ehrenwort" die Wiedervereinigung
und brennende Asylbewerberheime thematisieren und in Anspielung auf
den CDU-Politiker Uwe Barschel fragen: „Wen soll ich als Afrodeutscher
wählen?", und fortsetzen bei Ebony Prince feat. Asiatic Warriors (D-Flame
und Azad), die mit „Schwarze Deutsche Fakten" politische Ausgrenzung
in den Fokus rücken. Dies soll reichen, um nur einige der Namen der ersten Stunde zu bennenen. Auch Skillz en Masse (Meli und Marcel) sehen
die migrantische Einheit der Erfahrungen in Deutschland. In ihrem Stück
„Wie wir" texten sie: „Alle Kanaken – Alle Schwarzen – Alle Menschen mit
Schmerzen sehen aus wie wir". Genau wie D-Flame's autobiographisches
Konzeptalbum „Daniel X." Das X nimmt Bezug auf Malcolm X und greift
somit eine radikalere Tradition des Widerstandes auf. Oder „Afrodeutsch",
der Kurzfilm gegen rechte Gewalt mit Tyron Ricketts, der auch die weiße
Öffentlichkeit auffordert, Stellung zu beziehen. Kofi Yakpo interpretiert
die Schwarze Deutsche Traditionslinie so: „Eine Tradition, in der politi-

sche Statements mit biografischen Schnipseln versetzt werden. Dadurch machen diese MCs ihre Existenz zu einem politischen Ereignis und sie unterwandern das Monopol der eingeborenen Deutschen, zu bestimmen, was Deutschsein heißt. Sie schreiben an einer afrodeutschen Geschichte. Aber [...] Ist sie nicht einfach – selbst wenn eine solche Einteilung erwünscht ist – Teil der Geschichte der dominanten Rolle von Migrantenkids in der Entstehung von Hip-Hop in Deutschland? Alle Old School Hip-Hop-Crews, ob Tänzer, Maler oder Bands waren immer multiethnisch."

Parallel dazu ermöglichte das Musikfernsehen mit MTV ab 1981 und mit VIVA ab 1993 eine neue Form der visuellen Präsenz Schwarzer Künstlerinnen und Künstler in Deutschland. Als Gründungsmitglied von Exponential Enjoyment (1989) zusammen mit Duke T (alias Adé Bantu) schrieb Mola Adebisi als erster Schwarzer Deutscher Fernsehmoderator Mediengeschichte und wurde 1993–2004 zum Aushängeschild von VIVA. Allerdings zahlten er und seine Familie dafür einen hohen Preis. Denn allein die öffentliche Präsenz von Schwarzen Deutschen wurde für Rechte zum Politikum und nach Polizeischutz (1995) aufgrund rechtsextremisticher Morddrohungen, konnte sich Mola Adebisi lange Zeit öffentlich ausschliesslich mit Personenschutz bewegen (1996–1999). Die Soziologin Nkechi Madubuko schrieb sich 1996 auf VIVA Zwei als die erste Schwarze deutsche Moderatorin ein und Tyron Ricketts eröffnete als Moderator auf VIVA 1996 bis 1999 mit der Sendung „Word Cup" auch dem Hip-Hop ein eigenes Forum im Massenmedium Fernsehen. Die Hip-Hop-Künstler ließen sich einfach nicht mehr auf den engen Rahmen von Subkultur begrenzen und besetzten auch die Mainstream-Plattformen. Immer noch jedoch nahm die Politik keine Kenntnis von ihnen als Teil der neuen erstarkenden Jugendkultur. Ausnahmen bestätigen die Regel. Auch hier kann wieder Cem Özdemir benannt werden, der von 1998 bis 2002 innenpolitischer Sprecher der Fraktion Bündnis 90/Die Grünen war und in dieser Zeit an der Reform des Staatsangehörigkeitsrechts mitwirkte, die 2000 in Kraft trat. Aus den Reihen der Schwarzen Deutschen Community lässt sich regional auf NRW beschränkt auch Sascha Zinflou anführen, der von 1998 bis 2000 als Referent für die migrationspolitische Sprecherin der Grünen im nordrhein-westfälischen Landtag arbeitete. Er kann in dieser Zeit als Bindeglied zwischen den Aktivisten und der Politik betrachtet werden.

Musikalische, politisch engagierte Crossover-Projekte, wie die Multimedia-Produktion „Lost Tribes of Africa" von TheCoffeeshop, dem ersten überregionalen Schwarzen Deutschen Kunst-, Musik- und Kulturnetzwerk,

das 1995 vom Westdeutschen Rundfunk zum Projekt des Monats gewählt
wurde, und das Hip-Hop-Theater „Coloured Children" unter der Regie
von Anita Berger und Adé Bantu, ausgezeichnet mit dem Jugendkultur-
preis NRW 1998, waren eindeutig in der politischen Tradition der ISD
verankert und wurden zum Ausdruck des wachsenden kulturellen Selbstbewusstseins und einer größer werdenden Vielfalt der Styles und künstlerischen Skills. Der heutige Reggae-Superstar Patrice erprobte in „Coloured
Children" seine Bühnenpräsenz. Im Jahre 1996 nahm die afrikanische Diaspora Abschied von May Ayim, der literarischen Botschafterin der Afrodeutschen Bewegung. Die Trauerfeier in der Passionskirche in Kreuzberg
sah ein Line-up von kondolierenden Afro-Europäern (u. a. Linton Kwesi
Johnson), Afrikanern und anderen *People of Colour*-Communities, die ihr
die letzte Ehre erwiesen. Die Vielfalt der Trauernden und ihrer weißen,
deutschen Freunde ist ein Abbild der komplexen Vernetzung unterschied-
lichster migrantischer Communities. Im kommerziellen Bereich sind die
unpolitischen Musikerinnen von Tic Tac Toe in den Jahren von 1995 bis
1997 mit über drei Millionen verkauften Alben die bisher erfolgreichste
Schwarze Deutsche Hip-Hop-Band. Aber auch ernst zu nehmende Schwarze Deutsche Musikerinnen und Musiker etablierten sich zunehmend in
den Charts (z. B. Moses Pelham, Sabrina Setlur, Xavier Naidoo). So trifft
Samy Deluxe mit dem kritischen „Weck mich auf" die Befindlichkeit einer
ganzen Generation Jugendlicher, die sich in der Politik nicht wiederfinden:
„Warum sind ich und meine ganze Generation so depressiv, wir sind jeden
Tag umgeben von lebenden Toten, umgeben von Schildern die uns sagen:
‚Betreten verboten!', umgeben von Skinheads, die Türken und Afrikanern
das Leben nehmen [...] Die scheiß Politiker dienen der dunklen Seite wie
Darth Vader und haben 'nen Horizont von circa einem Quadratmeter.
Keine eigene Meinung doch zehn eigene Ratgeber, die schwachsinnigen
Scheiß reden als hätten sie nen' Sprachfehler. Hoffen die braven Wähler
zahlen weiterhin gerne Steuergelder, doch ich bin hier um Alarm zuschla-
gen wie ein Feuermelder. [...] Weck mich bitte auf aus diesem Alptraum,
Menschen sehn vor lauter Bäumen den Wald kaum, Ich und du und er und
sie und es sind besser dran wenn wir uns selber helfen ..." Als Teil einer
Gruppe von Schwarzen deutschen Hip-Hop-Aktivisten sollte Samy Deluxe
diese Ankündigung wenig später in die Tat umsetzen.

Im Jahre 2000 ermorden Skinheads den Schwarzen Deutschen Alberto
Adriano aus Dessau und Adé Bantu formt (mit Torch und Afrob) eine Allianz von *People of Colour*, die zum Sinnbild des Zusammenhaltes und des

Widerstandes gegen Rassismus wurde. Denn die zweite Welle des tödlichen Rechtsrucks „weißer" Deutscher gegen *People of Colour* (1998 bis 2001) trifft auf Aktivistinnen und Aktivisten der Schwarzen Community und des Hip-Hop, die die Klaviatur der Medien bedienen kann. Und Dank gepflegter Netzwerke und der langjährigen Ausarbeitung eigener kulturpolitischer Positionen wird durch die Re-Politisierung des Hip-Hop mit deutlich vernehmbarer eigener Stimme Stellung bezogen und dies auch wahrgenommen. Deutsche Hip-Hop-Protagonisten aus den alten und neuen Bundesländern (z.B. Samual Meffire, bekannt durch die filmische Biographie „Dreckfresser" (Regie Branwen Okpako, 2000) kommen in den Brothers Keepers (BK) und später den Sisters Keepers zusammen. Schon 1991 bezog der Schwarze Deutsche G.E.R.M. mit einer Allianz von Musikerinnen und Musikern auf dem Sampler „Krauts With Attitude" Stellung gegen Rechts. „Doch seitdem hat sich einiges geändert: Während ‚Krauts With Attitude' damals kaum zur Kenntnis genommen wurde, steht hinter Brothers Keepers heute der Plattenmulti WEA. Und die Pressekonferenz fand nicht zuletzt deswegen beachtlichen Zulauf, weil prominente Namen wie Naidoo, Ricketts, Torch und Afrob auf dem Podium saßen. ‚Jetzt sind wir etablierter', bestätigte Ebony Prince die neue kommerzielle Macht von DeutschHop, ‚wir haben mehr Gewicht.'"

Und dieses Gewicht wurde endlich auch politisch wahrgenommen. So wird der damalige Bundestagspräsident Wolfgang Thierse (SPD) Schirmherr für die Schultour der Brothers Keepers durch den Osten der Republik. Bei der Pressekonferenz in Berlin erklärt er: „Mit ihren Chart-Erfolgen setzen die Brothers Keepers ein wichtiges Zeichen gegen rechte Gewalt und für mehr Einmischung der Jugend." Für das Video der Brothers Keepers zu Adriano – Letzte Warnung" wird der Alexanderplatz in Berlin als Hintergrundmotiv ausgewählt und Torch, G.E.R.M, Xavier Naidoo, Tyron Ricketts, Sékou (Freundeskreis), Afrob, Adé (Bantu), Don Abi (Bantu), Deny077, Samy Deluxe & D-Flame, Ono, Chima und Ebony Prince inszenieren sich in einer Bildsprache, die im Stil der „Black Power"-Bewegung der 1970er Jahre die Mitte der deutschen Hauptstadt visuell und multikulturell neu definiert. Und die Brothers Keepers rappen sich in „Adriano" einmal durch das Rund möglicher Themen Schwarzer Existenz in Deutschland: Vom Aufruf zum Aktivismus im Hip-Hop und der damit verbundenen Vereinsgründung der Brothers Keepers zur politischen Unterstützung von Flüchtlingen über mediale Selbst-Organisierung, wie geschehen in der Kooperation für die Dokumentation zur Schultour „Brothers Keepers go

East" mit der von der Bundeszentrale für politische Bildung geförderten Schwarzen Kultur- und Medieninitiative Afrotak TV cyberNomads, bis zum Aufruf zu Solidarität und Einheit in Memoriam Adriano ("In all den Jahren in denen wir airplay verschwendet haben – Man könnte denken, wir Rapper hätten nichts zu sagen – Doch es rächt sich, ihr werdet sehen, es holt uns ein! – Einigkeit macht stark – Adriano starb allein"). Aber auch die Notwendigkeit strategischer Planung ("Wir müssen aufhören zu labern und auf jeden Fall strategisch verfahren") und die historische Kontextualisierung im konkreten Fall des Todes von Adriano als Spätauswirkung von Kolonialismus und Sklavenhandel wie schon im Song "Afrodeutsch" ("How many more men must die pass by the public eye – On both sides of the atlantic watch the panic multiply [...]. 60 Millionen Sklaven von denen es acht Millionen schafften – Die besten sind jetzt unter euch; ich hoffe für euch zu verkraften" über die schwierige Situation Schwarzer Existenz in Deutschland inmitten von alltäglichem und institutionellem Rassismus der weiß dominierten Polizei und Behörden, im internationalen Kontext der kriminalisierten globalen panafrikanischen Diaspora, die innerhalb der "Festung Europa" ausgegrenzt werden ("Wir fordern mehr als gleiche Rechte, wir wollen endlich Frieden haben, neue Ziele haben und nicht das Image von Dealern haben. Im Landtag diskutiert man über einen Antrag – Und währenddessen plant der nächste Nazi seinen Anschlag – Die Schandtat wird bedauert, doch was ich mich dann frag': ,Warum steht schon wieder 'ne schwarze Familie am Grab?' Das ist der Alltag, die Justiz verdammt hart Jungs in Abschiebehaft sind am schwitzen wie im Dampfbad"). Die Texte gehen damit nicht nur auf Rassismus und Rechtsextremismus ein, sondern stellen auch politisch motivierte Forderungen in Richtung Zuwanderungsgesetz (gleiche Rechte) auf, die eine Vielzahl von Communities emotional und politisch ansprechen und sich mit der durch "Fremd im eigenen Land" angestoßenen Staatsangehörigkeitsdiskussion politisch solidarisieren oder auch die Abschaffung von ethnisch motivierten Polizeikontrollen fordern. Im Zeitraum von 2005 bis 2010 zeigten europäische Gesetzesvorgaben zum Asylrecht, genau wie die jährlichen europäischen Rassismus-Schattenberichte, die massiven strukturellen Defizite in Deutschland aufgrund von Diskriminierung , u.a. in den Bereichen Bildung und Arbeit, auf. Daher wurde in nationalen Gesetzen z.B. die Einbürgerung vereinfacht und regional entstanden Initiativen wie der Berliner Landesaktionsplan gegen Rassismus und ethnische Diskriminierung, um die aktive Integration von Migranten zu fördern. Das Fazit des eingängigen Refrains des Songs „Adriano" gerät zur großen, radikalen AgitPop-Geste und Kampferklärung an die Rechtsextremisten und ihre politischen Sympathisanten. („Dies ist so was wie eine letzte Warnung Denn unser Rückschlag ist längst in Planung – Wir fall'n dort ein, wo ihr auffallt Gebieten eurer braunen Scheiße endlich Aufhalt – Denn was ihr sucht ist das Ende [...] Und was wir reichen sind geballte Fäuste und keine Hände – Euer Niedergang für immer. Und was wir hören werden, ist euer Weinen und euer Gewimmer"). Der Song läuft landesweit auf Heavy Rotation in den Massenmedien Rundfunk und Fernsehen.

Auch der Dreh des Videos der Sisters Keepers (Nadja Benaissa, Ayọ, Kaye, Nicole Hadfield, Tamika, Tesiree, Lisa, Mamadee, Pat und Meli 2001–2005) für den Song „Liebe und Verstand" wird in Berlin realisiert. Das Video wird mit Support der ISD, ADEFRA und anderer Black Community-Netzwerke wie Eurafi Europa Afrika e. V., Pan Afrikanisches Forum e. V. und Afrotak TV cyberNomads umgesetzt, die den Großteil der generationenübergreifenden Schwarzen Rollen unentgeltlich spielen. Die Netzwerke der Schwarzen Diaspora in Deutschland und auch die Communities anderer People of Colour finden sich in den Produktionen wieder. Und dann passiert erstmalig in der deutschen Geschichte das Unerhörte: Durch den medialen Hype wird der deutsche Rassismus offiziell zum Mainstream-Thema. Und dennoch, oder gerade deshalb, wird das Projekt auch zum kommerziellen Erfolg und zum außerparlamentarischen und kulturpolitischen Sprachrohr einer neuen Generation und Qualität des politisch-medialen Selbstbewusstseins der People of Colour Deutschlands. Diese drängen mit Macht aus der bisher vom weißen Mainstream verordneten Migrantenecke heraus. Von der Single „Adriano (Letzte Warnung)" verkauften sich rund 250 000 Stück und der Song erreichte Platz 4 der nationalen Charts. Die Street Credibility der schon bekannten Stars des Hip-Hop-Projektes wächst und auch die bisher unbekannteren unter ihnen werden als *role models* für *People of Colour* und progressive weiße Jugendliche zu Stars der neueren Geschichte Deutschlands. Die Freiheitslieder der neuen Generation, die in Deutschland der Sehnsucht nach Freiheit vor allem von Jugendlichen mit Migrationsvordergrund in Form von Hip-Hop Ausdruck verliehen, zeigen Wirkung.

Im Jahre 2004 wird der von Afrotak TV cyberNomads initiierte Schwarze Deutsche Internationale Literaturpreis May Ayim Award von der UNESCO als deutscher multimedialer Beitrag zum Internationalen Jahr der Erinnerung an den Sklavenhandel und seine Abschaffung geehrt und somit als Beitrag der *People of African Descent* und *People of Colour* zur Kultur Deutschlands politisch geadelt. Linton Kwesi Johnson, der international renommierte Musiker und Freund von May Ayim wird Honorary Patron und auch Musiker aus dem BK-Umfeld (Bantu, G.E.R.M., The Linguist) beteiligen sich an der Ausschreibung. Thomas Krüger, der Präsident der Bundeszentrale für politische Bildung hält eine Eröffnungsrede für den Black Media Congress, in dessen Rahmen das Gala-Event im Haus der Kulturen der Welt stattfindet. Damit ist selbstorganisierte und politisch motivierte Schwarze Deutsche Kultur und Musik erstmalig in einer hochkarätigen Institution der deutschen Hochkultur angekommen. Nicht als isolierte Leistung eines Individuums und nicht als Subkultur, sondern als politisches Projekt von Künstlerinnen und Künstler mit Migrationsvordergrund, die sich als Teil der deutschen Kulturgemeinschaft begreifen.

Teil III   Musik, Politik und Migration – Gegenwart und Ausblick

Hip-Hop spricht das Herz und die Sinne an und als Ausdruck von Lebensgefühl kommuniziert, kann Rap-Musik auch politische Überzeugungen kommunizieren, die zwischen den gesellschaftlichen Extremen von Anpassung und Protest pendeln.

Die Geschichte des Hip-Hop in Deutschland ist auch eine Geschichte der Politik. Die deutsche Neuzeit, als Zeit der Kämpfe um politische Emanzipation von Menschen mit Migrationsvordergrund und um Wahrnehmung mit dem Medium Hip-Hop-Kultur durch die deutsche Politik, veranschaulicht dies. Nach der starken politischen Aufladung der Gründerzeit des deutschen Hip-Hop (Mitte der 8oer bis Anfang der 9oer) und der Phase der Repolitisierung des Hip-Hop (2001–2004) lässt sich für die Zeit von 2005 bis in die Gegenwart eine zunehmende Kommerzialisierung der Subkultur Hip-Hop konstatieren. Damit einher geht eine Vereinahmung durch die Musikindustrie. Und die zunehmende Wandlung zum harmlosen, rein unterhaltsamen Pop, die begleitet wird von Phänomenen wie dem auf Macho-Gesten reduzierten inhaltsarmen Gangster-Rap – oder auch die aus kulturpolitischer Perspektive heraus reaktionär wirkenden verbalen Ausfälle von Rappern, die sich rassistischer Selbstbezeichnung bedienen, um kommerziell erfolgreich zu sein. Dennoch wachsen auch weiterhin kritische Stimmen in der Jugendkultur nach. Seit 2001 und 9/11 ist eine zunehmende Islamfeindlichkeit weltweit, in Europa und auch in

Deutschland zu beobachten, die in der erneuten Etablierung von rechten
Politikern in europäischen Parlamenten, inklusive des deutschen resultiert
und die politische Mitte, selbst die der etablierten Parteien, nach rechts
verschiebt. Hip-Hop wird nicht nur in Deutschland mehr und mehr zu
dem Medium für Menschen mit Migrationsvordergrund. Der unpolitische
afrodeutsche Pop-Interpret Mark Medlock gewinnt 2007 beim TV-Ge-
sangswettbewerb von Dieter Bohlen „Deutschland Sucht Den Superstar",
und bekommt 2008 seinen ersten Echo-Award. Seither sind diese TV-Pop-
Arenen ein Forum der Hoffnung für sozialen Aufstieg für Jugendliche, die
ihre Wurzeln nicht ausschliesslich in Deutschland suchen. Die Aktivisten
der ethnischen Communities werden zum Gespräch mit der Politik ge-
laden. Ade Bantu (Brotherhood Navigating Towards Unity) diskutierte
mit dem damaligen Bundeskanzler Gerhard Schröder (SPD), der nach
dem Mord an Adriano den Aufstand der Anständigen proklamierte. Im
Jahre 2007 fährt Ade Bantu zusammen mit dem damaligen Bundesaußen-
minister Frank-Walter Steinmeier (SPD) nach Westafrika und ein Jahr später wird er vom damaligen Bundespräsidenten Horst Köhler (CDU) für das
Projekt Partnerschaft mit Afrika als Berater konsultiert. Hip-Hopper wie
Samy Deluxe und Afrob haben Kultstatus und werden, genau wie der seit
geraumer Zeit als Schauspieler erfolgreiche Tyron Ricketts, aufgrund ihrer
Credits in der Jugendkultur als Aushängeschild und Identifikationsfigur
für politische Integrationsprojekte hinzugezogen.

Im Jahre 2010 schließlich beschließt auf Antrag der Grünen die
Kreuzberger Bezirksverordnetenversammlung die Umbenennung des
Gröbenufers in May-Ayim-Ufer und leitet damit den politischen Perspektivenwechsel von den kolonialen Tätern zu den Opfern ein. Der durch den
Literaturpreis May Ayim Award von Schwarzen Deutschen aufgebaute
allgemeine Bekanntheitsgrad der Schriftstellerin und Aktivistin auch im
weißen Mainstream erleichtert die Namensfindung. 2010 ist auch das Jahr,
in dem Thilo Sarrazin (SPD), ehemaliger Finanzsenator von Berlin und
früheres Vorstandsmitglied der Deutschen Bundesbank das Unwort von
den „Integrationsunwilligen" in die Debatte einbringt und das Judentum
mit neofaschistischer Terminologie genetisch dekliniert. Damit gibt er Politikern aller Coleur eine Vorlage, um die Anforderungen an Menschen mit
zumindest teilweise nichtdeutschen Wurzeln in Richtung Assimilation zu
verschärfen. In diese Richtung weist auch die aktuelle CDU-Bundeskanz-
lerin Angela Merkel, indem sie Multikulti für politisch gescheitert erklärt,

während Altbundeskanzler Helmut Schmidt (SPD) resümierte, wie die Frankfurter Allgemeine Zeitung im Jahr 2004 schrieb, dass die „entscheidende Ursache für das Mißlingen der Integration" in der „Feindseligkeit gegen andere Religionen liege, zu der die christlichen Kirchen die Europäer über Jahrhunderte erzogen hätten. Das gelte insbesondere gegenüber dem Judentum und dem Islam". Dennoch, die Zahl politischer Akteure wächst, die sich wie Gabriele Gün Tank, die Integrationsbeauftragte von Tempelhof-Schöneberg mit Veranstaltungen wie Crosskultur (2007–2010) sich für kulturelle Vielfalt und positive Integrationsmodelle engagieren. Gün Tank studierte Journalistik in Istanbul und schon als Frontsängerin der Band „Böse Mädchen" verband sie bundesweite musikalische Auftritte mit Aufklärungsseminaren zu Fremdenfeindlichkeit in Deutschland in Berlin und Brandenburg. Tyron Ricketts realisiert aktuell das Hip-Hop-Projekt Respekt 2010 unter Schirmherrschaft der Beauftragten für Migration, Flüchtlinge und Integration, Maria Böhmer (CDU), um Jugendlichen die Chance zu geben, ihrer Vision eines zukünftigen Deutschlands Ausdruck zu verleihen.

In diesem Sinne und als Ausblick sind auch die abschließenden Worte von Ade Bantu zu verstehen, die er Afrotak TV cyberNomads beim Interdendence Festival Berlin im Herbst 2010 sinngemäß in die Kamera sprach. Wir baten ihn, anlässlich des Reunion-Auftrittes von Brothers Keepers im Haus der Kulturen der Welt, um ein kurzes Fazit der musikalischen und politischen Arbeit.

Bantu:

„Mittlerweile ist es selbstverständlich, ‚afrodeutsch' in den Medien zu hören. Es gibt viel mehr afrodeutsche Wissenschaftler und Sportler. Die deutsche Nationalelf ist viel bunter, viel gemischter. Die Selbstverständlichkeit, Deutsch gleichzusetzen mit einem bestimmten nordischen Typus, ist nicht mehr selbstverständlich. Und wir (Musiker, Anm. d. Verf.) haben unseren kleinen Beitrag in dieser Diskussion geleistet. Das gibt mir die Kraft, weiterzumachen, gerade jetzt wo es eine große Islamophobie gibt. Gerade jetzt, wo es besonders von der bürgerlichen Mitte wieder eine Debatte gibt in Bezug auf die Existenzbedrohung des Deutschseins. Die sagen auf einmal: ‚Wir werden überrumpelt von ‚ausländischen Deutschen', die zu viele Kinder bekommen'. Also die Debatte geht weiter. Es ist eine weltweite Debatte und ich glaube Deutschland kann sehr interessante

Denkanstösse geben und das muss es auch. Wir haben durch die Treffen
mit Politikern (Gerhard Schröder, Cem Özdemir, Frank-Walter Steinmeier,
Horst Köhler, Anm. d. Verf.) einiges bewegen können. Zuerst war das ja
nur eine Wunschvorstellung. Weil im Grunde genommen will man sich
Gehör verschaffen. Und das ist ja das Ultimative, dass man mit Entschei-
dungsträgern zusammen sitzen kann und sagen kann: ‚Das klappt hier
nicht in unserem Land'.

In 2020 werden wir uns weniger rechtfertigen müssen, was unser afrikanisches Sein anbelangt. Wir werden der Republik helfen, noch interes-
santere Ansätze in die Welt zu projizieren. Wir werden uns in Richtung
einer afropäischen Bewegung ausrichten und uns letztendlich einer Welt-
bewegung anschließen, bei der es darum geht, dass man politische Inter-
dependence bewusst lebt. Das heißt, dass wir voneinander abhängig sind
und, dass wir global gesehen eine Mehrheit darstellen. Aber das reicht
nicht aus. Man darf sich nicht bequem im Sessel zurücklehnen und sagen:
‚Jetzt ist Obama Präsident'. Jetzt haben wir bei den Grünen jemand mit
Migrantenhintergrund, der an den Schaltstellen sitzt. Jetzt ist Deutschland
bunter durch die Nationalelf und alles ist super. Nein, wir müssen uns
ständig einmischen. Aber nicht unbedingt kämpfen, weil Kampf ist immer
eine sture Haltung und man hat keinen Humor, sondern wir müssen stets
und ständig kreativen Widerstand neu erfinden."[*]

---

[*] Weiterführende Materialien zu diesem Beitrag finden sich im Videoarchiv von Afrotak TV cyberNomads unter: http.//www.youtube.com/user/AFROTAKTVcyberNomads#g/c/2BB10833
D9AD27D1.

Autorinnen und Autoren

Omid Nouripour

Omid Nouripour kam im Alter von dreizehn Jahren mit seinen Eltern nach Deutschland und lebte ab dann in Frankfurt am Main. Im Jahr 2002 erhielt Omid Nouripour den deutschen Pass. Da der iranische Pass nicht zurückgegeben werden kann, verfügt er seitdem über zwei Staatsbürgerschaften. Von 1999 bis 2003 war er Vorsitzender der Grünen Jugend Hessen. Im Dezember 2002 wurde Omid Nouripour zum Mitglied im Bundesvorstand von Bündnis 90/Die Grünen gewählt. Dieses Amt übte er bis Dezember 2006 aus. Seit September 2006 ist Nouripour Mitglied des Bundestages als Nachrücker für Joschka Fischer. Er ist derzeit sicherheitspolitischer Sprecher seiner Fraktion, Obmann im Verteidigungsausschuss und Mitglied der Parlamentarischen Versammlung der NATO. Von 2002 bis 2009 war er außerdem Sprecher der Bundesarbeitsgemeinschaft MigrantInnen und Flüchtlinge von Bündnis 90/Die Grünen. Nouripour gehört dem Beirat des Forums für interkulturellen Dialog Frankfurt am Main an.

Sebastian Edathy

Sebastian Edathy wurde 1969 in Hannover als Sohn eines aus Kerala in Indien stammenden Vaters geboren. Nach dem Abitur 1989 leistete er den Zivildienst ab und absolvierte ein Studium der Soziologie und der Deutschen Sprachwissenschaft in Hannover, welches er als Magister Artium beendete. Seit 1998 ist Edathy als direkt gewählter SPD-Bundestagsabgeordneter für den niedersächsischen Wahlkreis Nienburg-Schaumburg Mitglied des deutschen Parlaments. Seit dem Jahr 2000 ist er Mitglied des Vorstands der SPD-Bundestagsfraktion. Von 2000 bis 2005 war er Sprecher der Arbeitsgruppe Rechtsextremismus der SPD-Fraktion. Von 2005 bis 2009 war er

Vorsitzender des Innenausschusses des Deutschen Bundestages. Er gehört dem reformistischen Netzwerk Berlin an. Derzeit ist er stellvertretender Vorsitzender des 1. Untersuchungsausschusses (Gorleben) sowie Mitglied des Rechtsausschusses.

Emine Demirbüken-Wegner

Emine Demirbüken-Wegner studierte Germanistik und Publizistik an der Technischen Universität Berlin. Von 1980 bis 1985 war sie als Deutschlehrerin am IB Berufsbildungszentrum tätig. Beim Sender Freies Berlin war sie sechs Jahre lang als freie Mitarbeiterin für die Konzeption türkischsprachiger Radiosendungen zuständig. Seit 1988 ist Emine Demirbüken-Wegner Integrationsbeauftragte beim Bezirksamt Tempelhof-Schöneberg. Von dieser Aufgabe ist sie zur Zeit freigestellt. Im Jahr 2002 wurde Demirbüken-Wegner in den Landesvorstand der Berliner CDU gewählt und 2004 als erste türkischstämmige Person in den Bundesvorstand der CDU. Von 2003 bis 2006 war sie Mitglied im Verwaltungsrat des Rundfunks Berlin Brandenburg. Seit November 2006 sitzt sie als Nachrückerin im Berliner Abgeordnetenhaus, wo sie Beisitzerin im Fraktionsvorstand und Sprecherin für Jugend- und Familienpolitik ist. Emine Demirbüken-Wegner ist außerdem Mitglied der Konrad-Adenauer-Stiftung.

Bülent Arslan

Bülent Arslan wurde 1975 in der Türkei geboren und kam 1976 mit seinen Eltern nach Deutschland. Seit 1997 besitzt er die deutsche Staatsbürgerschaft. Von 1994 bis 2000 studierte er an der Universität-Gesamthochschule Duisburg Volkswirtschaftslehre und Politikwissenschaft und war Stipendiat der Konrad-Adenauer-Stiftung. Der Diplom-Volkswirt leitet seit dem Jahr 2001 das von ihm im gegründete Institut für interkulturelle Management- und Politikberatung (imap) in Düsseldorf. Arslan war von 1995 bis 2004 Vorsitzender des Ausländerbeirats der Stadt Viersen. Seit 1997 ist er Vorsitzender des Deutsch-Türkischen Forums der CDU Nordrhein-Westfalen und seit 1999 Mitglied des Landesvorstands der CDU in Nordrhein-Westfalen. Arslan war drei Jahre lang Mitglied der Zuwanderungskommission der CDU und kandidierte im Jahr 2002 für die CDU

NRW für den Deutschen Bundestag. Bülent Arslan war außerdem Mitglied der Grundsatzprogramm-Kommission der CDU und wirkte bei der von Bundeskanzlerin Angela Merkel initiierten Islamkonferenz mit.

Josip Juratovic

Josip Juratovic wurde am 15. Januar 1959 im kroatischen Koprivnica geboren. Seit 1974 ist er in Deutschland und lebt in Gundelsheim-Böttingen (Landkreis Heilbronn). Nach dem Hauptschulabschluss absolvierte Josip Juratovic eine Lehre zum Kfz-Mechaniker. 1982 trat Josip Juratovic in die Audi AG ein und arbeitete zuerst als Fließbandarbeiter im Werk Neckarsulm, später als Produktprüfer. Im Jahr 1984 wählten die Audi-Beschäftigten das IG-Metall Mitglied Juratovic zum Vertrauensmann und schließlich im Jahr 2000 in den Betriebsrat. Im Jahr 2005 wurde Josip Juratovic zum Bundestagskandidaten der Unterländer Sozialdemokraten gewählt und zog über Platz 15 der SPD-Landesliste in den Deutschen Bundestag ein. Im Bundestag ist Juratovic Mitglied des Ausschusses für Arbeit und Soziales, des Petitionsausschusses sowie stellvertretendes Mitglied im Ausschuss für die Angelegenheiten der Europäischen Union.

Özcan Mutlu

Özcan Mutlu war von 1998 bis 1999 Beisitzer im Bundesvorstand von ImmiGrün e. V. Von 1992 bis 1999 gehörte er der Bezirksverordnetenversammlung Kreuzberg an, wo er Mitglied des Fraktionsvorstands und Mitglied in den Ausschüssen Haushalt, Schule und Personal/Verwaltung war. Seit 1997 ist er Delegierter für Bundes- und Landesdelegiertenkonferenzen von Bündnis 90/Die Grünen. Bis zu seinem Einzug in das Berliner Abgeordnetenhaus war der Diplom-Ingenieur sechs Jahre lang für ein Telekommunikationsunternehmen tätig. 1999 gewann Mutlu ein Direktmandat und ist seitdem Mitglied des Berliner Abgeordnetenhauses und bildungspolitischer Sprecher der Fraktion Bündnis 90/Die Grünen. Er ist des weiteren Mitglied des Ausschusses für Bildung, Jugend und Familie sowie des Ausschusses für Europa- und Bundesangelegenheiten, Berlin-Brandenburg und Medien.

Devrimsel Deniz Nergiz

Devrimsel Deniz Nergiz ist Inhaberin eines Doppelbachelortitels in „Media and Communication Systems" und „International Relations" der İstanbul Bilgi Üniversitesi. Der Titel ihrer Bachelor-Arbeit lautete „Europe: Idea or Identity" und befasste sich mit der Interpretation europäischer Identität. Anschließend erwarb sie einen Masterabschluss in Internationalen Beziehungen an der Koç Üniversitesi in Istanbul. Ihre Masterarbeit trug den Titel „The Faces of Integration: Benchmarking Immigrant Integration Policies in France, Germany and the Netherlands". Seit April 2008 ist Nergiz Doktorandin an der Bielefeld Graduate School in History and Sociology. Ihr Promotionsprojekt beschäftigt sich mit der politischen Rekrutierung von Abgeordneten mit Migrationshintergrund und ihren Erfahrungen. Ihre Forschungsinteressen umfassen Integration und kulturelle Diversität in westeuropäischen Länder, politischen Parteien und politische Repräsentation und transnationale Migration.

Martin Hyun

Martin Hyun wurde am 4. Mai 1979 in Krefeld geboren. Er ist Sohn koreanischer Gastarbeiter, die in den 70er Jahren nach Deutschland kamen. Martin Hyun war der erste Deutsch-Koreaner in der deutschen Eishockeyliga. In der Saison 2004/2005 spielte Hyun in der Profimannschaft der Krefelder Pinguine. Hyun studierte an mehreren amerikanischen Universitäten Politik, war Visiting Fellow im koreanischen Parlament und legte in Brüssel einen Master in International Relations ab. Auf Grund seines Engagements zur Vertiefung der Deutsch-Koreanischen Freundschaft wurde er 2005 von Bundespräsident Horst Köhler in das Schloss Charlottenburg eingeladen. Darüber hinaus war er von 2005 bis 2007 Mitglied im Beratungsausschuss für den Wiedervereinigungsprozess (ACDPU) unter Vorsitz von Südkoreas Präsident Roh Moh-Hyun und Mitglied des Vorstands des Forums der Koreaner in Deutschland. Hyun, der nationaler Botschafter des Europäischen Jahres des interkulturellen Dialogs 2008 war, gehört seit 2009 dem Vorstand der Deutsch-Koreanischen Gesellschaft an.

Merve Aydin

Merve Aydin studiert Humanmedizin in Bonn und verbrachte Studienauf-
enthalte in Frankreich, Kairo und Istanbul. Sie ist Stipendiatin der Konrad-
Adenauer-Stiftung, die der CDU nahesteht. Als Mitglied von terres des
hommes engagiert sie sich in der Kinder- und Jugendarbeit, entwickelte
Lehreinheiten zu den Themenbereichen „Eine Welt" und „Globalisierung"
und führte sie an Schulen in Nordrhein-Westfalen durch. Im Jahr 2009
nahm Aydin, die sich als kulturelle Mittlerin versteht, als Referentin an
der Zukunftskonferenz der Landesregierung Nordrhein-Westfalen teil.

Dr. Ibrahim Aydin

Studium der Veterinärmedizin in Istanbul und Gießen, anschließend Promotion in Bonn; Gründer des ersten Ausländerbeirates in Deutschland.

Yonas Endrias

Yonas Endrias ist Diplom-Politologe, stammt aus Eritrea und lebt in Berlin.
Er ist Dozent an der Freien Universität Berlin. Zur Zeit ist er Mitglied des
Landesbeirats für Integrations- und Migrationsfragen und des Landesbeirats für Entwicklungszusammenarbeit des Berliner Senats. Daneben ist
er Mitglied des Beratungsnetzwerks für Demokratieentwicklung gegen
Rechtsextremismus der Berliner Landeskoordinierungsstelle gegen Rechts-
extremismus. Endrias ist ein national und international anerkannter Experte zu den Themen Rassismus, Diskriminierung und Migration. Yonas
Endrias war viele Jahre Vizepräsident der Internationalen Liga für Menschenrechte und ist Generalsekretär des Afrika-Rats Berlin-Brandenburg.
Zudem war er der NGO-Koordinator des Nationalen Aktionsplan gegen
Rassismus für die Bundesrepublik und schrieb Berichte für die Vereinten
Nationen und den Europarat, u.a. für das UN-Komitee zur Beseitigung
von Rassismus (CERD) und die Europäische Kommission gegen Rassismus
und Intoleranz (ECRI). Endrias erhielt für seine antirassistische Arbeit den
Black History Month Award sowie den D. Emilio Castelar Preis 2008.

Tahir Della

Tahir Della, 49, lebt in München, ist von Beruf Fotograf und Verkaufsförderer und engagiert sich seit mehr als 25 Jahren politisch gegen Rassismus und für eine aktive Schwarze Community. In diesem Zusammenhang hat er zahlreiche Aktivitäten begleitet und ins Leben gerufen, wie seinerzeit das Black Film Festival und den Heritage Day in seiner Heimatstadt München, den Black History Month in Berlin, das Sankofa-Feriendorf für Schwarze Eltern und ihre Kinder. Ebenso die Ausstellung „Homestory Deutschland", die zuletzt, neben zahlreichen Städten in Deutschland, in acht afrikanischen Ländern zu sehen war. Seit 2001 ist Tahir Della im Vorstand der Initiative Schwarze Menschen in Deutschland (ISD).

Natasha A. Kelly

Natasha Kelly wurde als Tochter von Jamaikanern in London geboren und kam im Alter von zehn Jahren nach Deutschland. An der Universität Münster studierte sie von 1998 bis 2005 unter anderem das Fach Kommunikationswissenschaft. Sie promoviert an der Universität Münster zum Thema „Afroism. Zur Re_Konstruktion eines Kulturprogramms". Kelly ist Herausgeberin von „X Das Magazin für AfroKultur".

Sipua Ngnoubamdjum

Sipua Ngnoubamdjum ist politischer Aktivist in der „Black Community" und engagiert sich dort in der AG Reparationen und Pan-Afrikanismus. Er ist Mitbegründer und langjähriger Vorsitzender der „Black Students Organisation" sowie Vorstandsmitglied von „SOS Struggles of Students e. V.".

Dr. Achim Doerfer

Rechtsanwalt, Fachanwalt für Handels- und Gesellschaftsrecht, Bundesvorsitzender der Liberalen Türkisch-Deutschen Vereinigung, 2. Vorsitzender Machon Moreschet Aschkenas Deutschland e. V. Studium der Rechtswissenschaften, später auch der Philosophie in Göttingen, Freiburg i. Br.;

Erstes Juristisches Staatsexamen 1991 an der Georg-August-Universität Göttingen; ab 1991 Referendariat in Lüneburg, Hamburg, Paris; 1993 Gastwissenschaftlicher an der Cornell Law School, Ithaca, New York und der Harvard Law School, Cambridge, Massachusetts; Zweites Juristisches Staatsexamen 1995; Wissenschaftliche Mitarbeit an den Universitäten Lüneburg und Göttingen; September 2001 zweiter Forschungsaufenthalt an der Cornell Law School, Altstipendiat der Friedrich-Naumann-Stiftung und des Deutschen Akademischen Austauschdienstes; ehemaliger Vorsitzender des FDP-Stadtvorstandes Göttingen und Mitglied des Kreisvorstandes; Gründungs- und Vorstandsmitglied der Deutsch-Türkischen Gesellschaft Niedersachsen/Bremen.

Ferda Ataman

Ferda Ataman, 31, ist Politologin und Journalistin. Sie absolvierte die Berliner Journalistenschule und war 2008 Redakteurin im Hauptstadtbüro von Spiegel Online. Von 2009 bis Mitte 2010 war sie Autorin bei der Tageszeitung „Der Tagesspiegel" in Berlin. Sie ist u. a. Mitbegründerin und Mitglied des Vorstands des bundesweiten Journalisten-Netzwerks „Neue deutsche Medienmacher" und war Mitglied der Arbeitsgruppe „Islam und Medien" der Deutschen Islam-Konferenz bis 2009. Als Journalistin beschäftigt sie sich besonders mit den Themen Integration und Migration in Deutschland.

Adetoun Küppers-Adebisi

Adetoun Küppers-Adebisi ist Diplom-Wirtschaftsingenieurin und Leiterin von Afrotak TV cyberNomads, dem Schwarzen Deutschen Kultur-, Medien- und Bildungsarchiv. Mit Afrotak TV cyberNomads realisierte sie Kultur- und Medienkongresse in Kooperation mit der Bundeszentrale für politische Bildung, dem Goethe-Institut, der Heinrich-Böll-Stiftung und dem Haus der Kulturen der Welt. Adetoun Küppers-Adebisi engagiert sich politisch als Vorstand von African Union African Diaspora Deutschland e. V. und als Mitglied des Migrationsbeirates Berlin-Pankow. Zudem koordiniert Küppers-Adebisi seit 2008 Teile des Black History Month Berlin. Das Black Heritage Magazin ehrte sie 2009 als eine der 100 wichtigsten Afrodeutschen. Seit 2010 ist Adetoun Küppers-Adebisi Botschafterin für

Mathematik, Informatik, Naturwissenschaften und Technik (MINT). Für ihre Kultur- und Medienarbeit erhielten Afrotak TV cyberNomads diverse Auszeichnungen wie 2005 den Best Media Award der African Youth Foundation, die Auszeichnung Beste Deutsche Medieninitiative 2008 der Stiftung Demokratie und Toleranz und den Respekt Award des Senats Berlin 2009. Im März 2011 wurde Afrotak TV cyberNomads im Rahmen des World Diversity Leadership Summit in Wien erneut als „Best Practice Project – Culture & Media" ausgezeichnet. Adetoun Küppers-Adebisi ist Herausgeberin diverser Publikationen zu Schwarzer Kultur in Deutschland wie TheBlackBook und die Publikation „May Ayim Award".

Michael Küppers-Adebisi

Michael Küppers-Adebisi ist Lyriker und Multimediakünstler sowie Kultur- und Eventmanager. Küppers-Adebisi studierte von 1988 bis 1995 Literatur und Philosophie an der Heinrich-Heine-Universität Düsseldorf und 1989 postmoderne Literatur (unter Fredric Jameson) und afroamerikanische Literatur (unter Henry Louis Gates, Jr.) an der Duke University, USA. Von 1993 bis 1996 studierte er Poetry und Performance an der Kunstakademie Düsseldorf in der Klasse Nan Hoover/Nam June Paik. Er vertrat 1996 als erster afrodeutscher Lyriker die Bundesrepublik Deutschland als literarischer Botschafter am Goethe-Institut New York beim Deutsch Nuorican Poetry Festival. Seit 1996 ist er zertifizierter Multimedia- und Interactive-Video-Produzent. Er arbeitete als Leiter einer Multimedia-Agentur, als „Director for Interactive Internet TV", als Conceptioner und als Public-Relations-Manager. Im Jahr 2002 beendete er eine Ausbildung als Interactive Video Producer. Von 2002 bis 2004 organisierte er drei internationale Medienkongresse, darunter den Black Media Congress in Berlin in Kooperation mit dem Goethe-Institut Berlin, der Heinrich-Böll-Stiftung und dem Haus der Kulturen der Welt. Im Jahr 2004 initiierte er mit dem May-Ayim-Award in Berlin den „Ersten Schwarzen Deutschen Internationalen Literaturpreis" unter Schirmherrschaft der UNESCO. Küppers-Adebisi erhielt 2005 den ADLER Entrepreneurship and Youth Award der African Youth Foundation in der Kategorie „Best NGO" und erhielt eine ehrenwerte Nennung beim Bremer Friedenspreis 2006. Das Black Heritage Magazin ehrte ihn 2006 als einen der 50 wichtigsten Afrodeutschen.

Marvin Oppong (Herausgeber)

2002 bis 2004 Studium der Rechtswissenschaft an der Humboldt-Universität zu Berlin. 2004 bis 2005 Studium der Rechtswissenschaft an der Université Paris 1 Panthéon-Sorbonne im Rahmen des Sokrates-Programms der Europäischen Union. 2004 bis 2008 Stipendiat der Friedrich-Naumann-Stiftung für die Freiheit. Seit 2005 Studium der Rechtswissenschaft an der Rheinischen Friedrich-Wilhelms-Universität Bonn. Seit 2000 Tätigkeit als freier Journalist für Zeitungen (Süddeutsche Zeitung, Der Tagesspiegel, Financial Times Deutschland), Zeitschriften (Der Spiegel, Zeit Campus), Onlinemedien (Spiegel Online, sueddeutsche.de) und Rundfunksender (u.a. Norddeutscher Rundfunk). Grimme Online Award 2009 in der Kategorie „Information" mit dem Blog Carta.

Neu im Programm
Politikwissenschaft

Carlo Masala / Frank Sauer /
Andreas Wilhelm (Hrsg.)

**Handbuch der
Internationalen Politik**

Unter Mitarbeit von Konstantinos Tsetsos
2010. ca. 510 S. Br. EUR 49,95
ISBN 978-3-531-14352-1

Das Handbuch der Internationalen Politik
vermittelt theoretische und methodische
Grundlagen der Forschungsdisziplin Internationale Beziehungen. Die Einzelbeiträge
geben einen Überblick über Akteure,
Strukturen und Prozesse sowie Handlungsfelder der internationalen Politik und
dienen darüber hinaus der Vermittlung
von aktuellen Erkenntnissen der Forschung. Der Sammelband richtet sich
sowohl an Studierende und Wissenschaftler als auch die interessierte Öffentlichkeit.

Thomas Meyer

Was ist Politik?

3., akt. u. erg. Aufl. 2010. 274 S. Br.
EUR 19,95
ISBN 978-3-531-16467-0

Das Buch bietet allen politisch Interessierten und all denen, die genauer verstehen
möchten, wie Politik funktioniert, eine
fundierte und leicht verständliche Einführung. Es hat zwei besondere Schwer-
punkte: die neuen politischen Fragen
(Identitätspolitik, Zivilgesellschaft, Biopoli-
tik und Globalisierung) und die neuesten
Entwicklungen der Mediendemokratie.

Gerhard Naegele (Hrsg.)

Soziale Lebenslaufpolitik

Unter Mitarbeit von Britta Bertermann
2010. 775 S. (Sozialpolitik und Sozialstaat)
Br. EUR 69,95
ISBN 978-3-531-16410-6

Die demographische Entwicklung in
Deutschland hat uns bewusst gemacht,
dass sich Gesellschaft, Politik und Wirtschaft auf die Einbindung von älteren
Menschen in die Arbeitswelt einstellen
müssen. Damit gewinnt aus durchaus
praktischen Gründen die wissenschaftliche Erforschung des sozialen Lebenslaufs
und seine politische Gestaltung insgesamt
eine zentrale Bedeutung: Die schnelle und
fundamentale Änderung von modernen
Lebensverläufen erfordert eine bewusste
Politik in zahlreichen Bereichen. Dieser
Band bietet einerseits die wissenschaftlichen Grundlagen der Lebenslaufefor-
schung, andererseits untersucht er die
Politikbereiche, in denen Lebenslaufpolitik
verstärkt betrieben werden muss.

Elemente der Politik

Hrsg. von Bernhard Frevel / Klaus Schubert / Suzanne S. Schüttemeyer / Hans-Georg Ehrhart

Aden, Umweltpolitik
2011. ca. 120 S. Br. ca. EUR 12,95
ISBN 978-3-531-14765-9

Blum / Schubert, Politikfeldanalyse
2., akt. Aufl. 2011. 195 S. Br. ca. EUR 16,95
ISBN 978-3-531-17276-7

Dehling / Schubert,
Ökonomische Theorien der Politik
2011. ca. 120 S. Br. ca. EUR 12,95
ISBN 978-3-531-17113-5

Dittberner, Liberalismus
2011. ca. 120 S. Br. ca. EUR 14,95
ISBN 978-3-531-14771-0

Dobner, Neue Soziale Frage und Sozialpolitik
2007. 158 S. Br. EUR 12,90
ISBN 978-3-531-15241-7

Frantz / Martens, Nichtregierungsorganisationen (NGOs)
2006. 159 S. Br. EUR 14,90
ISBN 978-3-531-15191-5

Frevel, Demokratie
Entwicklung - Gestaltung - Problematisierung
2., überarb. Aufl. 2009. 177 S. Br. EUR 12,90
ISBN 978-3-531-16402-1

Fuchs, Kulturpolitik
2007. 133 S. Br. EUR 14,90
ISBN 978-3-531-15448-0

Gareis, Internationaler Menschenrechtsschutz
2011. ca. 150 S. Br. ca. EUR 13,95
ISBN 978-3-531-15474-9

Gawrich, Das politische System der BRD
2011. ca. 120 S. Br. ca. EUR 12,95
ISBN 978-3-531-16407-6

Holtmann / Reiser, Kommunalpolitik
2011. ca. 120 S. Br. ca. EUR 12,95
ISBN 978-3-531-14799-4

Jahn, Vergleichende Politikwissenschaft
2011. ca. 120 S. Br. ca. EUR 12,95
ISBN 978-3-531-15209-7

Jahn, Frieden und Konflikt
2011. ca. 120 S. Br. ca. EUR 14,95
ISBN 978-3-531-16490-8

Jaschke, Politischer Extremismus
2006. 147 S. Br. EUR 14,95
ISBN 978-3-531-14747-5

Johannsen, Der Nahost-Konflikt
2., akt. Aufl. 2009. 167 S. Br. EUR 16,95
ISBN 978-3-531-16690-2

Kevenhörster / v.d. Boom, Entwicklungspolitik
2009. 112 S. Br. EUR 12,90
ISBN 978-3-531-15239-4

Kost, Direkte Demokratie
2008. 116 S. Br. EUR 12,90
ISBN 978-3-531-15190-8

Meyer, Sozialismus
2008. 153 S. Br. EUR 12,90
ISBN 978-3-531-15445-9

Piazolo, Die Europäische Union
2011. ca. 120 S. Br. ca. EUR 12,95
ISBN 978-3-531-15446-6

Schmitz, Konservativismus
2009. 170 S. Br. EUR 16,90
ISBN 978-3-531-15303-2

Schröter, Verwaltung
2011. ca. 120 S. Br. ca. EUR 14,95
ISBN 978-3-531-16474-8

Erhältlich im Buchhandel oder beim Verlag.
Änderungen vorbehalten. Stand: Juli 2010.

www.vs-verlag.de

VS VERLAG

Abraham-Lincoln-Straße 46
65189 Wiesbaden
Tel. 0611.7878 - 722
Fax 0611.7878 - 400

MIX
Papier aus verantwortungsvollen Quellen
Paper from responsible sources
FSC® C105338

If you have any concerns about our products,
you can contact us on
ProductSafety@springernature.com

In case Publisher is established outside the EU,
the EU authorized representative is:
Springer Nature Customer Service Center GmbH
Europaplatz 3, 69115 Heidelberg, Germany

Printed by Libri Plureos GmbH
in Hamburg, Germany